幸福
文化

本当の「心の強さ」ってなんだろう？

一生を支える折れないメンタルのつくり方

什麼是真正的堅強

〈全民教育家〉齋藤孝——著

賴惠鈴——譯

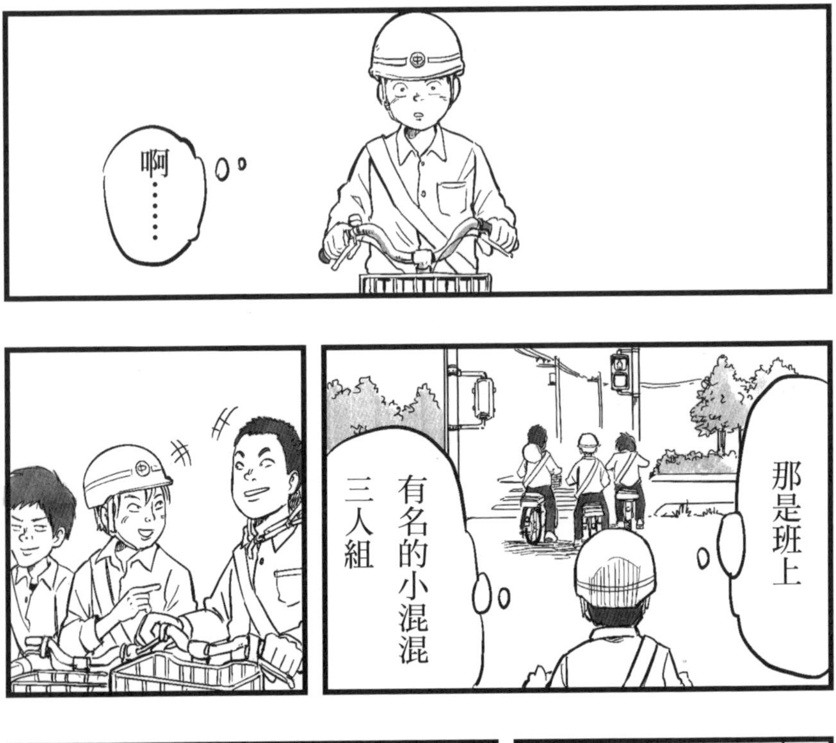
啊……
那是班上
有名的小混混三人組
在等紅綠燈
這樣會遇上他們的
嘰哩哩……
可是如果停在這裡
嘰哩哩
瞪視

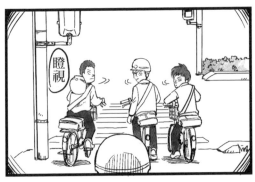

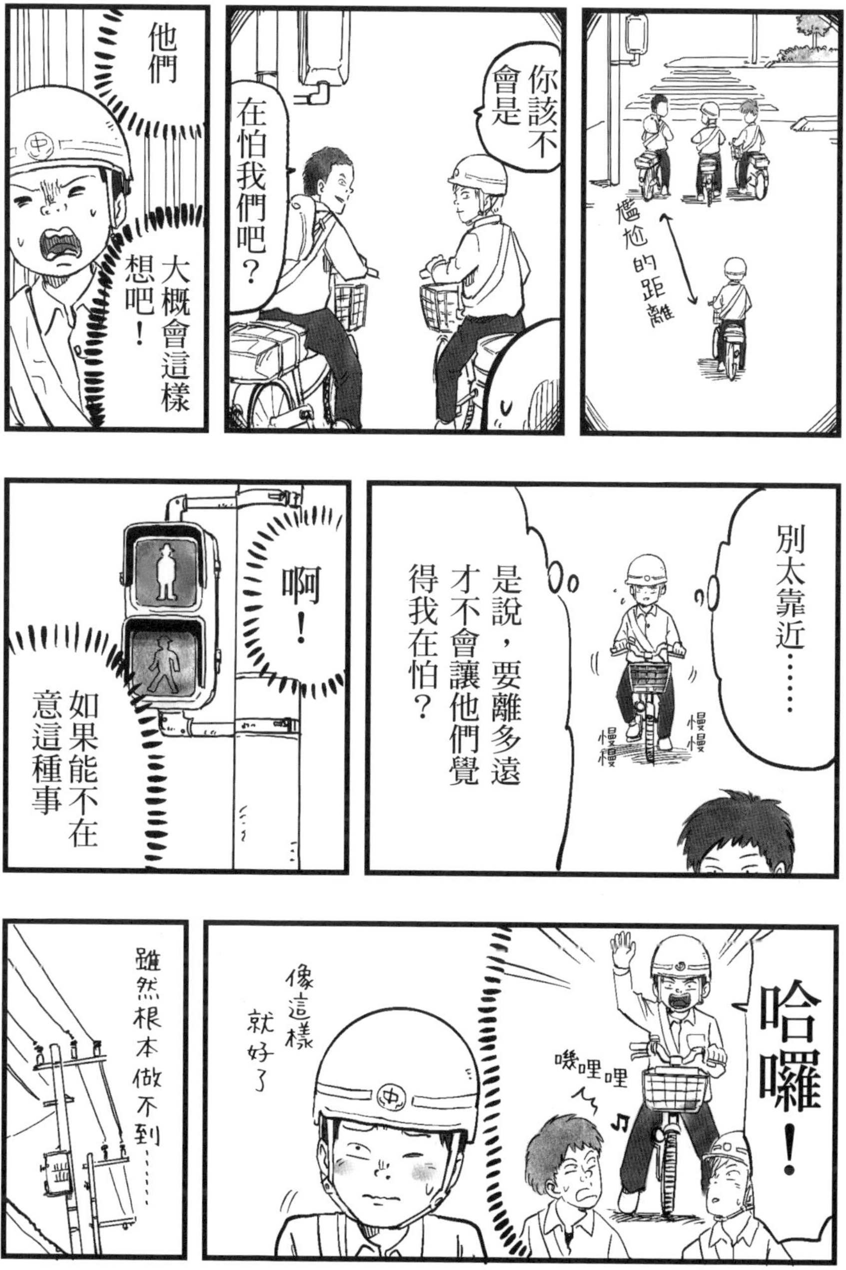

尷尬的距離
你該不會是
在怕我們吧？
他們
大概會這樣想吧！
別太靠近……
是說，要離多遠才不會讓他們覺得我在怕？
慢慢
慢慢
啊！
如果能不在意這種事
哈囉！
嘰哩哩
像這樣就好了
雖然根本做不到……

—前言—

堅強，是「接受失敗」的能力

這本書是專為青少年所寫的「一生受用的思考方式」系列第三集。[1]

這次的主題是「堅強」，會從各種角度為讀者解說「如何思考才能讓自己的心態變得更堅強」。

各位對自己的「堅強」，有自信嗎？

好比說，你會對這樣的自己感到心緒不寧嗎？

- 很容易受傷，一點小事就立刻感到沮喪。
- 一旦發生討厭的事，就很容易陷入沮喪、裹足不前。

● 害怕失敗，積極不起來。

● 很自卑，對自己沒有信心。

● 太過在意別人的眼光及批評。

● 即使決定要做什麼，通常也都半途而廢。

一旦發生不愉快的事，心態脆弱的人應變能力也很差，會被不安或壓力等負面情緒牽著鼻子走。光是這樣就感到心累，很容易覺得「生活好辛苦」。

心態堅強的人比較不容易被情緒影響，面對這種狀況的應變能力也很好。

不至於動不動就感到受傷，也不至於動不動就陷入煩惱，能比現在更有自信，心情也會因此而更輕鬆，過得更快樂、幸福一點。

「可是，這是性格的問題，我也沒辦法……」要是有人這麼想，那可就大錯特錯了。

心態脆弱並不是性格的問題，而是出在認定「我就是這種性格」的態度。

堅強的心態並不是與生俱來的天賦，而是可以靠自己培養的「能力」，同時也是用來保護自己的武器。

為了橫渡人生這片汪洋大海，請務必要具備這種能力。

經常有人用「鋼鐵般的心」來形容堅強的精神，可見這是一種堅固又強壯的心態。

但是，我希望各位具備的堅強，並不是鋼鐵般的心態，如果要舉例的話，不如說是**「柳樹般的心」**。

大家看過柳樹嗎？垂著細細的樹枝，迎風搖曳的模樣，看起來一點也不強壯；但就算受到颱風的強風吹拂、天降大雪，柳樹也不會折斷。因為樹枝很柔軟，所以能承受劇烈的風和沉重的雪，還有強韌的樹根能牢牢抓住大地，就算樹幹被吹倒了，也能在附近重新生長出來。

柔軟，不容易折斷，擁有再生的能力，不畏風雪的堅強——希望各位都能擁有這種如柳樹般的心態。

我認為，若要具備堅強的心態，最重要的是要有「不屈不撓，重新振作的力量」。

你不需要「堅不可摧、不會失敗、沒有挫折」的強硬態度，我們都是平凡人，就算變得懦弱、非常沮喪也沒關係。無論是迷茫、搖擺、犯錯、失敗、挫折……或是受到再大的挫折，只要有能夠重新站起來的力量就行了。

只要有不管幾次都能再站起來的力量，未來將一片光明。

有這樣的心態，**無論陷入再不愉快的事、困擾的狀態、重大的挫折、出乎意料的逆境……等，再糟糕的狀況，都能像柳樹一樣重新振作起來。**

這就是我的目標，也就是所謂的堅強、不屈不撓的心。

那麼，該怎麼做才好呢？該怎麼做才能不被壓力壓垮呢？該怎麼做才能讓受傷、沮喪的心恢復元氣呢？以下將為各位說明如何讓心態保持堅強的具體方法。

暢銷漫畫《鬼滅之刃》的主角竈門炭治郎，曾經對鬼殺隊的劍士說過：

「最弱小的人，擁有最大的可能性。」

愈是深受自己的軟弱所苦的人，體內可能蘊藏著愈強大的可能性。

真正「堅強的心」，是在明知自己有多軟弱的前提下，仍能好好地磨練自己。

找出自己內心的可能性，加以磨練，使其開花結果！

1 編注：另外兩本為《什麼是真正的聰明？》（本当の「頭のよさ」ってなんだろう？）和《什麼是真正的朋友？》（友だちってなんだろう？），繁中版出版順序有所調整。

第一章 什麼是堅強？什麼是軟弱？

第二章

怎樣才能不怕失敗？

第三章

把「修正力」當成自己的武器！

第四章

不要被「自卑」困住！

第五章 放下「黑歷史」的方法

第六章

不管跌倒幾次，都能重新振作

第一章

什麼是堅強？

什麼是軟弱？

所謂軟弱，就是容易被情緒波動影響

現在經常會聽到人說「我希望自己的心態，能變得更堅強」，代表心理、精神狀態的「心態（mental）」這個名詞，已經滲透我們的日常生活，而且經常被掛在嘴邊。

最近，就連小學生也想知道：「請告訴我，該怎麼讓心態變堅強？」不是父母幫小孩問，而是小學生自己想知道的。

煩惱或壓力會讓身心失去平衡，因而無法上學或上班的人也與日俱增，該怎麼照顧「心靈健康（mental health）」已經變成重大的社會問題。

我認為，現在是個非常考驗如何調整心態、獲得強大精神力的時代。

在討論「堅強的心」之前，請先思考什麼是軟弱。

「心靈軟弱」，是指心的哪裡軟弱呢？

你認為自己什麼時候會心靈脆弱、意志軟弱呢？

舉例來說：

- 選班長或學生會長的時候，其實想自告奮勇「我想當」，卻又在意周圍的眼光，不敢舉手報名……。
- 被老師罵、被朋友批評的時候，很容易受傷，而且一直耿耿於懷，始終無法振作起來……。
- 明明打定主意「今天一定要好好準備考試」卻完全無法集中精神，拿起手機想「稍微轉換一下心情」，結果不是看影片就是玩遊戲到忘了時間，根本沒有念書……。
- 認真練習運動或音樂，雖然變得很厲害，可是一到了比賽或真正要上場的時候，就因為緊張而犯錯，關鍵時刻無法展現實力……。

懦弱沒勇氣、太敏感脆弱、意志力薄弱、抗壓性很差……以上確實都是會讓人感覺到心靈不夠堅強的情況。

除此之外，「沒有毅力，只有三分鐘熱度，一下子就放棄」、「很容易受到周圍的意見或想法影響，沒有自我」、「腦海中只有消極的（負面的）念頭」、「很容易生氣……」等等，或許也是讓人感到脆弱的地方。

剛才所舉的例子雖然本質上稍有不同，但是都有一個共通點，大家知道是什麼嗎？

那就是「被當時的心情所影響了」。

被那一瞬間湧現心頭的情緒波動給吞沒，心也被擾亂，無法往「希望自己能變成這樣」的方向前進。

內心軟弱，代表控制情緒波動的能力不太好。

不要感情用事

情緒本來就會有動搖，有高低起伏的時候，這是每個人都一樣的。情緒並不是自己刻意創造出來的東西，而是受到來自外界的刺激，大腦產生的反應，並不是會主動出現在心裡、而是「被挑起」的東西。

大家早上起床，洗臉的時候會看著鏡子吧？如果髮型很好看，光是這樣就能有好心情吧！反之，如果頂著一頭睡得亂七八糟的頭髮，心情就會悶悶不樂。並不是你故意要把頭髮睡得亂七八糟，而是因為睡著的姿勢不知不覺形成，所以亂翹的頭髮也是「來自外界，出乎預料的刺激」。

不過，亂翹的頭髮並不會造成太大的打擊，頂多就是「有點憂鬱」。只要把頭髮梳整齊，聽著喜歡的音樂去上學，心情就能漸漸變好。因為喜歡的音樂能帶來舒服的刺激，讓心情變好。

就在這個時候，手機收到訊息。「什麼事？」仔細一看，心情又產生變化了。如果是好事、開心的事，心情就會變好；如果是不好的事，則會生氣、傷心、苦惱。

感情來自於發生的事件或人與人之間的關係，並非自己刻意「想這樣」的結果。

根據腦神經專科醫生的說法，**感情就像「飼養著不理會飼主的話、自顧自地行動的動物」**。受到我行我素的動物影響，無法控制、為此惶惶不可終日，就是被感情牽制的狀態。一旦被感情牽制住，「自己想這樣」的態度就會動搖，因為受到心情或感情的刺激變來變去，沒有所謂的一貫性或連續性。

自己的存在將受到威脅，內心失去平靜，這麼一來就會陷入煩惱及矛盾，感到疲憊。

有些人的情緒波動很劇烈，說的話、做的事皆隨當時的心情變來變去，經常發生「你上次明明不是這麼說的，為什麼改變心意了？」的情況。因為行動全憑心情，沒有一貫性或連續性。這種人很難相處，和他們在一起會疲於奔命，這就像是被感情牽制的狀態。

大家是不是認為，心情是以感情的波動為主？這個誤會可大了，**千萬不能感情用事。**

從「知、情、意」的平衡來思考

那麼，該如何調整自己的心態呢？

這裡有個很容易理解的概念：**只要從「知、情、意」的平衡，也就是從「知性、情感、意志」這三點來思考就行了。**

知（知性、理性）＝思考的心

面對某種刺激，最先產生反應、湧上心頭的莫過於情緒，但是以知識及理性為基礎，思考「該怎麼做才好」的心，就是「知」。

試圖了解事物，循序漸進地思考、判斷正不正確等思考的心，就是「知」

扮演的角色；控制感情的冷靜判斷力，則是「知」的任務。

情（情感、情緒）＝感受的心

讓自己有所發現，迅速地感覺到變化及差異等等。如果是性格容易失控，一下子就激動起來的人，必須學會控制；不夠敏感的話很傷腦筋，但太敏感的話很辛苦，不過，若是感知力太遲鈍，也是造成風險或麻煩的原因。

意（意志、意欲）＝改變現實的心

整理、統合「情」與「知」後，進行判斷、發起行動的基礎是「意」，也就是意志及意欲、勇氣。即使冷靜地做出正確的決定，決定「要這麼做」，但如果不去實踐，「意」也不算正確地執行到底；「意」，是改變現實的心理機制。

將「思考的心、感受的心、改變現實的心」合在一起，加以調和，就能因應各種狀況並且維持住「自我」。

當「知、情、意」三位一體，保持絕佳的平衡，就能讓心安定下來。

失去平衡的心，會發生什麼事？

舉例來說，原本打算專心念書，但一開始玩手機就完全忘了這件事的話，腦子裡會發生什麼事呢？

腦中掌管感性的是邊緣系統、掌管理性的是大腦新皮質，兩者構成「額葉」。**感性的腦基於本能，會比用來思考、掌管理性的腦更快做出反應。**感性的腦比起痛苦，更想感受到輕鬆、快樂的事。

受到這種感性的誘惑驅使，就會拿起手機，心裡想著「只玩一下下」。因為看影片、上社群網站、玩遊戲比讀書快樂得多，即使內心產生「該停止了……」的心情，也會因為更能感受到快樂而無法停止。

明明只打算休息一下，回過神來已經過了兩個小時，就是因為感性的腦完全占上風，陷入「現在應該要讀書」的理智心聲及認為「今天一定要準備考試」的意志力都無法運作的狀態。

失控的「情」，會讓「知、意」也失去控制。

「知、情、意」的平衡，通常會是情感占優勢，但有時候也會發生「知」占上風而導致「情」不足的情況。「那個人說的話很有條理、也很有道理，但似乎不太懂別人的心情。」這種人的「情」比較軟弱，感受性比較遲鈍，不是那麼敏銳。

關於「別人這時候會怎麼想呢？」的想像力不足，因此無法站在別人的立場或狀況來思考；而且自己不會感情用事，永遠都很冷靜，所以很想要堅持自己的主張，「我的判斷很正確，才不會錯」。雖然很優秀，但缺乏領導才能的人就是如此。

也有人雖然能從知性或理性的角度來想事情，感情很豐沛，也很體貼入微，偏偏少了點行動力。為了實踐內心的想法，必須具備不畏懼挑戰的心情、面對困難也能勇敢克服的心情。**如果沒有這種意欲或勇氣，就表示「意」太軟弱，這也是心靈失去平衡的狀態。**

如果想調整心態，重點在於意識到「知、情、意」的平衡。**了解現在的自己缺少什麼，改變思考的偏好和每天的習慣、行動，進行調整。**

相機的腳架、作畫時的畫架、演奏音樂的譜架……等，需要穩定的東西幾乎都以三隻腳來取得平衡，三點支撐是讓物品保持穩定的基礎。

為了讓心靈保持穩定，最好讓這三大支柱取得平衡。

身體對應心靈的檢查重點

為了意識到知、情、意，有個最容易理解的檢查重點。「知、情、意」是西方的思維模式，但東方思想也有與其對應的思維模式「智、仁、勇」。東西方的思考模式差很多，但是在「以人類的心為主軸」這點上，幾乎可以說是一模一樣。

我在研究身體文化[2]時，接觸到奠基於瑜伽之上的「上丹田、中丹田、下丹田」思考模式，發現丹田的三個重點與「智、仁、勇」相連，也與「知、情、意」相通。

請伸出自己的慣用手，用掌心碰一下額頭，這就是「知」，也就是額葉。邊說出「知」這個字，邊把手貼在額頭上：「自己現在能運用知識及判斷力，冷靜地思考嗎？」其次，說出「情」這個字，把手放在胸口、心臟的地方：「自己現在能做出有情有意的舉止嗎？充滿真心嗎？」

然後再說出「意」這個字，把手貼在肚臍下方、小腹的位置：「自己現在能基於勇氣行動嗎？」肚臍下方是東方所指「臍下丹田（下丹田）」的位置。日本人從以前就認為，正確地對這裡用力的話，就能產生勇氣、意志力。

一邊說出「知情意」，一邊碰、碰、碰地拍打這些地方，讓意識集中。把手放上去的同時，還能讓心情冷靜下來。像這樣回頭檢視自己，就能精準地區分「知、情、意」三者之間的差別，更能清楚地知道自己現在欠缺什麼。

非常簡單，請一定要試試看。

2 藉由身體為主體或媒介所形成的文化，如運動、健康、藝術、教育、宗教、醫學等文化。

構成心靈的三大支柱

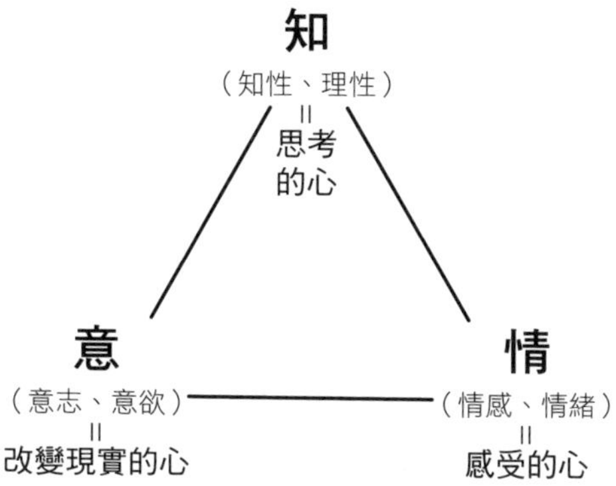

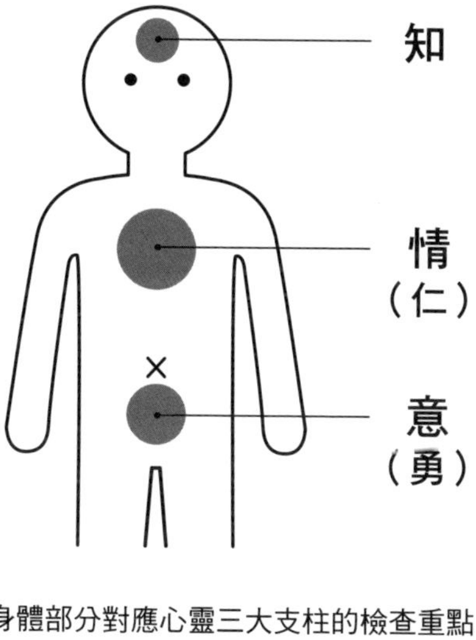

身體部分對應心靈三大支柱的檢查重點

「經驗」會使心靈成長

人類剛出生時，大腦只會處理本能的、生理上的問題，因此，小嬰兒肚子餓了會哭、尿布濕了也會哭。還不會說話，也沒有思考能力的小嬰兒，若感覺到恐懼或不愉快的事，只會以哭泣的方式表達。

掌管心情快樂與否的腦，是我們從小嬰兒時期就開始發揮作用的本能，是每個人與生俱來的本能，是人類以外的動物也有的本能。

另外，額葉的前額葉皮質是用來控制產生於邊緣系統的感情，這裡也是人類特別發達的部位。每個人都有這個功能，但這個功能可以發揮到什麼程度，則依個人在成長階段有過什麼樣的經驗、學習到多少而有所差異。

大家還記得吧？從小，大人就教我們各式各樣要忍耐的事：

「即使想要，也不能拿其他小朋友的東西。」

「不能自己一個人獨享，要跟其他人輪流玩。」

「要做完功能才能玩遊戲。」

「不可以在公車／捷運上跑來跑去、要讓座給老人家／有需要的人。」……諸如此類。教我們不能單方面只考慮到自己的情緒，也要抑制衝動。邊緣系統和前額葉皮質之間會頻繁地交換訊息，藉此活化調節感情的迴路。然而，這不只是嚴格的要求，當我們控制好自己的感情，就能得到好的結果，從中得到快感，這麼一來就能活化上述的迴路。

能否控制感情，是判斷一個人成熟的標準。

成長過程中，我們會得到各式各樣的經驗，進而強化「控制感情的迴路」。

「情」是大腦屬於本能的部分，而「知、意」是必須靠後天的學習才能讓這三者在運作上取得平衡。

沒有人一生下來就能在「知、情、意」上取得平衡，就像沒有人一生下來就擁有堅強的心或堅強的意志。

心態，是由「經驗」累積、培養而成。

《綠野仙蹤》這本書，故事內容是描寫主角桃樂絲與旅途中認識的伙伴一起冒險的故事。

一開始，與桃樂絲成為伙伴的人都有各自想追求的目標。稻草人想得到可以靠自己思考的頭腦，希望得到「想知道什麼、思考什麼的聰明才智」，也就是「知」和「思考的心」；錫樵夫想得到能對事物有所感的心，他追求的是「情」與「感受的心」。

最後遇到獅子。大家稱獅子是百獸之王，非常害怕牠，但這隻獅子非常膽小，希望能得到勇氣和強大，所以他追求的是「意」的力量和「改變現實的心」。

如果能找到奧茲魔法師，就能給予他們各自想要得到的東西。然而，最後並不是魔法師給了他們那些東西，而是在冒險的旅途中互助合作，透過克服種種磨難的經驗，不知不覺就得到了。原本靠不住的伙伴，也不知不覺變成值得信賴的隊友。

「經驗」會使心靈成長。透過各式各樣的經驗，學習思考「這時該怎麼辦才好」，學會如何應對，從而內化成自己的智慧，為自己帶來勇氣。這也是生存在現實世界中，不可或缺的力量。

並非性格使然，而是「心的慣性」

大家都以為一流的運動家、世人口中稱為天才型選手的人，一定很厲害、心態很穩定，對吧？可是，這些人並不是打從一開始就具有堅強的心態。

以二〇一九年退休的職棒選手鈴木一朗先生（一九七三年～）為例，他那強韌的精神力令大家佩服得五體投地，但是，他並非天生心態就是特別堅強的人。

鈴木一朗曾經歷過許許多多的痛苦折磨、失敗挫折，也曾有過做什麼都做不好的時候，最終找到自己的棒球之路，方能獲得所謂的「一朗精神」。

世上有許多明明想變得堅強，卻自以為「沒辦法，我的性格就是這麼懦弱……」的人，這種「因為性格使然」的人通常很彆扭。

提到性格，通常會給人「江山易改、本性難移」的印象，但我認為「因為性格使然」這句話，就跟捆綁自己的詛咒一樣。

幾乎所有與性格有關的資質，都是思考邏輯或行為模式等等「情感上的偏好」。只要有心，幾乎所有的偏好都能慢慢改掉。

對各種細節都很敏銳的人通常也很在意小事、很容易受傷。性格纖細的人就算想改也改不掉，善感的心也不是希望它變得遲鈍就能如願。

但是，可以藉由改變思考的慣性，讓自己不要那麼在意「已經發生的事」；藉由有意識地改變看事情的角度，來改善過於在意、耿耿於懷、原地踏步的問題。

矯正讓內心失去平衡的「情感慣性」。舉例來說，假設朋友一直不回信，傳訊息也沒顯示「已讀」。不要煩惱「是不是說了什麼不得體的話？」或「是不是討厭我了？」而是要告訴自己「大概是正在忙吧」。

即使感受性太敏銳、過度在意的部分無法改變，也能減輕壓力。這麼一來就能大幅減輕內心的負擔。一旦改變思考的傾向、情感的慣性，看事情的角度也會改變，就能改變心態。

即使天性沒有改變，只要改變想法，人就會改變。

因此，就算有部分覺得「這或許是軟弱的原因」，最好也別鑽牛角尖地認定「因為性格使然，所以沒辦法改變」。堅強的心態，取決於能否清楚地意識到內心的平衡，以及是否實際調整內心的平衡。

負面的情緒也有存在的意義

討論內心的問題時，經常會提到「正面（positive）」與「負面（negative）」這兩個單字。正面是肯定、積極、樂觀的意思；負面則是正面的反義詞，是否定、消極、悲觀的意思。

世間萬物只要從不同角度來看，就可以是正面的，也可以是負面的。就像是「桀驁不馴」聽起來好像是缺點，但是從「初生之犢不畏虎」的角度來說，也可以是優點。同樣地，執迷不悟可以是堅持到底、沒有定性可以是有行動力、愛管閒事也可以是會照顧人。

即使是同一件事，只要換個角度，看到的風景就不一樣。也就是說，對任何事都從否定、消極、悲觀的角度來看的人，已經養成負面思考的習慣了。

為了達到內心的平衡，重點在於不要從太負面的角度想事情，盡可能從正面的角度來看待。只不過，請大家千萬不要搞錯，從積極的角度思考，並不是要壓抑「負面的情緒」。

所謂負面的感情，是憤怒、憎恨、悲傷、不安、恐懼、嫉妒、絕望……等情緒，不能因為「這種負面的情緒不好」就加以壓抑。

負面的情緒也有存在的意義，人生在世，任何事都有意義。

在所有的負面情緒中，不安與恐懼最貼近人類的本能。要是沒有任何不安或恐懼的事，似乎就能過上平靜又幸福的生活。

問題是，事情沒有這麼簡單。就像大腦若因生病或意外受到損傷，額葉的某個部分無法作用的話，可能完全不覺得害怕。這麼一來，就無法應對一般日常生活中極其自然做得到的事。

例如，就算忘了關火、也不覺得這有什麼危險，甚至忘了瓦斯爐還開著就出門了，因為沒有「瓦斯爐還開著，要小心」的概念，所以大腦記不住；又或是過馬路不管紅綠燈，因為不明白紅燈時衝出馬路會有危險。

不安和恐懼的感情，有通知我們危險將臨，或警告我們「這麼做不好」的作用。

由此可知，如果完全感受不到害怕，即使危險已經迫近身邊也可能注意不到，缺乏安全度日的能力。

不安及恐懼的感情一旦湧上心頭，用來規避危險的各種迴路就會開始串連起來。

雖然我們都覺得「要是沒有憎恨、嫉妒、絕望這種感情就好了」，但這些感情也有意義。讓人為此感到深刻的煩惱、痛苦後，萬一將來又發生類似的事，就能思考該怎麼做才好。為了不要再嘗到這種煩惱、痛苦的心情，就會去思考還能做些什麼，也能理解其他人這種苦悶的情緒。

嘗過百味雜陳的情緒，一個人「內心的深度」不僅能變得更寬廣，內心也會變得更豐饒。

因此，請不要不由分說地壓抑、否認自己的感情。「控制情緒」指的是當陷入被感情吞沒、內心失去平衡的狀態，還能重新振作起來。

切記，不能用情緒來控制情緒，而是要靠理性及意志力、思考與行動力來調整。

不需要時時刻刻都保持正面

認為自己總是想一些負面事情的人，會覺得應該變得積極正面才行，想讓自己努力變得正面起來。問題是，這實在很困難，不是嗎？

不用隨時隨地都勉強自己保持積極進取，也沒關係。如果認為負面的感情是不好的東西，一味地否定，只會產生更多負面的情緒。

「怎麼可以有這麼負面的情緒、我連這種事都做不好，真的很沒用」，如此一來只會陷入惡性循環。也有人會因為勉強自己壓抑情緒，產生反作用力，甚至導致心病。

就算有負面情緒也無所謂，請坦然接受這樣的自己。

中性是指中立、不偏不倚的狀態，**我認為「中性的狀態」是介於正面與負面之間。如果無法一口氣將負面情緒轉換成正面情緒時，只要讓自己「先回到中性的狀態」即可。**

像是考試失利或失戀時，產生沮喪、悲傷、不甘心的心情是很正常的事。不需要壓抑這種心情，大可盡情地沮喪、盡情地哭泣。只不過，一直沉溺於那樣的心情將無法再往前走，那就不好了。

盡情地吐出負面情緒後，請在既非正面也非負面、亦即中性的狀態下重新振作起來。

請先停下腳步，在中性的狀態下找回冷靜的心情，然後再透過思考與行動取得心靈的平衡。

至於要怎麼做才能重拾平靜的心情，則需要下一番工夫。只要坦然接受考試失利或失戀的自己，意識到能給予現在的自己肯定的思考模式，重新再往前走就行了。

我認識一位烏茲別克籍的男性朋友，某天我們聊天時，他提到「其實，我跟女朋友分手了」，我安慰他：「一定很難過吧？」他笑著說：「沒關係！巴士還會再來！」

不用一下子就變得很正面，只要先回到中性就行了。不需要勉強自己「非要積極起來不可」，只要有「先回到中立狀態」的想法，心情就會自然而然地平靜下來。

重點在於「彈性」，而非「硬度」

這本書的開頭就說了，希望各位都能擁有「柳樹」般柔軟有彈性、跌倒了也能重新振作起來的心態，而非「鋼鐵」的心。鋼鐵堅硬又鋼強，經常被用來比喻不容易受傷的強韌意志力，但鋼鐵其實比想像的還不耐衝擊。

只要增加材料的硬度，就能提高強度，相反地，因為喪失韌性（跌倒了再站起來），一旦承受超過極限的負擔就會折斷。因此蓋房子需配合用途調整鋼材的硬度（只要降低強度就能增加彈性，變得不容易折斷），以因應各式各樣發生在環境中的衝擊，形成具有彈性的結構。

材料的強度再強，也不表示就是真正的堅強。

自然環境會發生地震，也會受到颱風吹襲，為了應付這些自然環境中的意外狀況，堅硬與柔軟的平衡相當重要，絕不能少了彈性。

人類也一樣，要是滿腦子只有想讓心態變堅強的念頭，就很容易誤以為只要有「不屈不撓的強悍」就夠了。但不屈不撓也代表發生意料之外的狀況時，無法立即做出反應，結果不是折斷就是傾倒。

重點在於無論發生什麼狀況都能冷靜面對的堅強、即使天搖地動也不會折斷，還能恢復原狀的堅強。

讓心恢復原狀的力量，也稱為「復原力、韌性」。擁有堅固的信念本身當然不是壞事，但我們身邊的狀況隨時都在變動，瞬息萬變乃人之常情。狀況一旦改變，想法也必須隨之改變。

「貫徹信念」聽起來很美好，但是換個說法，其實不也是「不願改變頑固的想法」嗎？始終堅持某種思考模式，除了故步自封，什麼也不是。

隨時更新自己內在的「知」，磨練對「情」的感受力，在瞬息萬變的情況下，不斷思考現在該以什麼為「意」才好，讓自己重新振作起來。

只要這三根支柱牢牢地站好，紊亂的內心就能重新回到平衡的狀態。為了讓自己重新振作起來，也必須柔軟有彈性才行。

有時候，強悍的心態並不是一種讚美，甚至會讓人覺得有點反感。「因為那個人有一顆鋼鐵之心……」，像是聽到這種話的時候，我認為那其實是指我行我素、無論發生什麼事都不為所動，甚至神經大條到不在乎他人感受的遲鈍，那不是各位應該追求的堅強。

心雖然看不見，卻能從一個人的態度及言談得知他的內心世界。那裡是否有具備理性的思考能力「智」、是否有充滿誠意與真心的「仁」、是否有從正確的意志出發的行動力「勇」。

我認為真正堅強的心，也要具備「智、仁、勇」。

用「行動」來調整心態

前面已經說過，**改善心的偏好、也就是改變想法，是調整內心平衡的方法之一**。事實上，還有另一個方法，那就是**「改變行動」**。

與「改變想法後、就會改變看待事情的角度、改變掌握事實的方法，進而改變行動」的流程相反，要「先改變行動」。

有什麼開心的事或快樂的事、有趣的事，心情振奮的時候通常會露出笑容；當事情不如所願、有什麼煩惱或困擾、心情沉重不愉快的時候，就笑不出來。

像這種時候，反而要刻意露出笑容來活動肌肉。

具體而言的作法是：

（1）轉動肩胛骨，放鬆緊張的肩膀。

（2）按壓心窩，如果感覺肌肉僵硬，就用手按壓放鬆。

（3）提起嘴角，讓表情肌肉呈現微笑時的狀態。

即使不是發自內心的笑容，只要讓身體處於微笑的狀態，大腦就會緩解不安的情緒，不會響起不安警報，心情就能平復下來。只要心情沒有陷入慌亂不安，就能冷靜地思考「好吧，該怎麼做呢」。心理學也有咬住免洗筷，揚起嘴角，讓心情變得正向進取的實驗。

沒有幹勁，完全無法集中精神讀書時，也不是等幹勁自己湧出來，而是要求自己「總之，這十五分鐘絕對不要做別的事」，專心計算或背單字。比起必須深入思考的事，這時悶著頭寫作業還比較好。只專心十五分鐘的話，也比較不容易分心，然後就能繼續讀書了。

不要等幹勁自己湧現出來，而是從行動開始，主動迎來幹勁。如果是沒什麼耐性的人，五分鐘也沒關係，只要堅持五分鐘，就能改變心流。

請務必記住，如果想調整心態，有兩條路可走，分別是「從思考開始改變」和「從行動開始改變」這兩種方法。

真正堅強的人，能保持內心穩定

與在某個領域中，持續跑在最前面和創業成功的人聊天時，發現他們內心非常強大之餘，也經常感受到他們很聰明。

上述的「聰明」，並不是指很會讀書或學歷傲人；**聰明的人很清楚該怎麼「調整」自己的狀態，並加以實踐**。控制自己的情緒、自我調整，就是認清自己現在缺乏什麼、該怎麼做才能重新站起來。

無論陷入什麼樣的狀態，只要能像這樣自我調整，就無需焦慮、怨嘆，只要老老實實地執行即可。當一個人在驚濤駭浪中鍛鍊自己的心態，就能自然學會這樣的思考與行為模式，在想事情時毫不拖泥帶水。

不僅如此，我覺得這種人通常都很穩重，能以明朗又柔和的穩定情緒來待人接物，與他們說話的感覺很舒服。仔細想想，原理再單純不過。只要解除內心不穩定的狀態，穩定的狀態就會增加，就結果而言，情緒平穩的時間就會愈來愈長。

內心真正強大的人，是擅長自我控制的人。

我想定義何為真正的內心強大：

（1）知道該怎麼做才能調整自己的精神狀態。

（2）具有能實際調整的力量＝擁有能振作起來的力量。

（3）不會感情用事，能隨時保持內心的平靜與穩定。

即使我說「堅強的人就是能保持內心平靜安穩的人」，有些還不滿二十歲的讀者們可能也有聽沒有懂。不過，大家應該也都感覺到，能不能平心靜氣地說出自己想說的話、就算受到別人的質疑也不為所動，是相當重要的。

然而，**內心強大並不是要跟誰爭個你死我活**，而是與自己的戰鬥，能夠克制自己，擁有「自制力」。因此，**無論發生什麼事，只要能好好自我調適，就能成為最強的人。**

只要心態夠堅強，就能勇敢地說出自己想說的話，即使被別人批評、謾罵，也能毅然決然地面對問題。

「想讓別人覺得自己看起來很強」的人，通常會表現出高壓的態度或虛張聲勢，但真正堅強的人才不在乎別人怎麼看。當自己處於情緒穩定的狀態，周圍的人也會情緒穩定地對待自己。如果希望對方情緒穩定，自己也得表現出穩定的行為舉止才行。

我經常說「無論什麼時候都要保持好心情」，這不僅在與人的溝通時很重要，在調整自己的時候也很重要。就算發生不愉快、不開心的事，無論發生什麼、無論失去什麼，也都要保持好心情，這樣就等於「無論何時，都保持好心情」，只要內心保持平靜，這並非難事。

只要下定決心「時時維持好情緒」並付諸實行，就能增加內心平穩安定的狀態。

萬一付諸實行時，還是發生不愉快的事影響心情，也不要沉浸在負面的情緒裡，先回到中性的狀態，今天的情緒在今天就消化掉，別把內心的「負債」帶到明天。只要能做到這點，就能保持內心的平靜。

若說真正的堅強有什麼祕訣的話，其實可能就存在於保持「平靜、穩定、好心情……」這些意想不到的地方。

別讓內心的火種熄滅！

「啊，我快不行了……」當精神上受到深刻的創傷、再也提不起鬥志時，經常會冒出這樣的念頭。

這句「我快不行了」最初是由格鬥技的選手開始使用，但正確的用法其實是摧折對手的心，讓對方不行。即使是經過嚴格訓練，脫穎而出的選手，一旦筋疲力盡就無法再戰鬥。一旦鬥志及活力的來源——也就是內心的根本受挫後，就很難再站上勝負的擂台。

「快不行了」或許是指自己的熱情來源、也就是內心的火種熄滅的樣子。

各位曾經生過火嗎？現在有許多方便的生火道具，輕易就能生起火，但如果是用以前的方法，必須從頭開始生火的話，那就非常辛苦了。千辛萬苦點燃小小的火種後，再用木柴和木炭升起大火，但無論如何，最重要的是不能讓「火種」熄滅。

我認為，我們內心的「火種」也很重要。「知情意」的「意」，是指意欲和行動力，但內心的熱度如果沒有提升到一定的程度，就無法產生意欲和行動力。

當內心處於「對那個沒興趣，不想做」或「反正一定做不到」的冷卻狀態，就無法產生行動力。即使瞬間湧出「知道不行，但還是想挑戰看看」的心情，但要在沒有火種的情況下讓這種心情沸騰，也難如登天。

因此，請隨時在內心點燃「熱情的火種」。

唯有如此，當自己內心冒出某個念頭時，才能將微小的火光孕育成熱情的大火。

那麼，該怎麼點燃內心的火種呢？那就是**「擁有能讓自己產生熱情的事物」**。以下是鈴木一朗開記者會表示要退出球壇時，給孩子們的一段話：

「不是棒球也沒關係，總之先做點什麼再說。希望大家都能盡快找到讓自己樂在其中、全神貫注的事，投入熱情去做。

只要找到那件事，就能勇於面對擋在自己面前的高牆；要是找不到，看到牆壁的時候就會放棄。

希望大家都能多方嘗試，別管適不適合，先努力找出自己喜歡的事物。」

鈴木先生很幸運，早早就找到棒球這項「能讓自己產生熱情」的事物，從還是小學生的時候就對棒球充滿熱情，夢想成為一流的職棒選手。

因為內心的火種、熱情的火種很旺盛，才能燃燒自己的心靈，源源不絕地湧出衝勁和行動力。

各位或許還沒遇見這樣的事物，或許也經常覺得「現在很喜歡，但完全沒把握能不能喜歡一輩子」。這也無所謂，**只要充分地將熱情貫注在自己現在熱中的事物，就能點燃內心的火種。**

在做什麼事的時候會充滿熱情呢？請牢牢記住這時亢奮的心情。即使是八竿子打不著的事，點燃內心火種的人也能充滿熱情地完成。倘若內心冰冷，就不容易湧出幹勁、行動力和捲土重來的力量。

第一章

重點整理

1.別被情緒波動所牽制！

2.從「知、情、意（思考、感受、改變現實）」的平衡來讓內心取得平靜。

3.藉由改變「思考」與「行動」來調整心的偏好。

第二章

怎樣才能不怕失敗？

為什麼要害怕失敗？

這一章帶大家思考的主題，是「失敗」。

沒有人喜歡失敗，一旦失敗，任何人都會感到失落、感到絕望。可是，每個人面對失敗的態度天差地別，有人即使失敗也不太在意，馬上就能轉換心情；有人則感到滅頂般的沮喪，為此耿耿於懷。

而也有人即使感到滅頂般的沮喪，也很快就能從正面的角度思考「我要記取這次失敗的教訓」，也有人變得很負面，「我不想再失敗了，所以不想再嘗試了」。

為什麼會有這種差別呢？

看過第一章的各位想必已經知道答案了，那並不是性格使然，問題在於「心的偏好」，也就是情感的慣性。

對挫敗耿耿於懷、特別害怕失敗的人，習慣在不知不覺中總是把事情往壞的方向想，**滿腦子只有萬一失敗了、會發生在自己身上「不好的事」**。

失敗確實不是什麼令人高興的事，但也不是那麼糟糕的事喔！為了理解這一點，先介紹幾位有失敗經驗的人生前輩的故事吧！

不同凡響的人，失敗的次數也非常驚人！

大家都知道麥可・喬登（一九六三年～）這位選手吧？他是美國職籃大聯盟NBA史上最傑出的傳奇球員，也是籃球之神般的知名選手。麥可・喬登曾經說過：

「我有九千次以上投籃沒進、輸掉三百場比賽。隊友把定輸贏的那一球交給我，我卻失敗了二十六次。我這輩子失敗過無數次。所以才能成功。」

鈴木一朗選手在日美達成合計四千支安打時，曾說過：

「以我的數字來說，擊出四千支安打，代表我嘗過八千次以上挫敗的不甘心。因為我隨時都在面對失敗，所以不覺得擊出四千支安打有什麼好驕傲的。」

寫出許多熱門歌曲的作詞家曾這樣說：

「世人都說我是暢銷單曲製造機，但我也寫過很多賣不出去的歌，只是大家沒聽過那些歌而已。反而是賣不出去的歌占了壓倒性多數，我寫過賣不出去的歌曲數，遠遠超出大家的想像喔。」

作詞家的意思是，膾炙人口的曲子其實只是他許多作品中的一小部分，更多的是賣不出去、慘遭埋沒的歌，自己的創作之路絕非一帆風順。

二〇一五年榮獲諾貝爾生理學醫學獎的大村智博士（一九三五年～）是一位化學家，從事自微生物中找出傳染病的療法及預防之道的研究。大村博士說：

「成功的人不會提到自己的失敗，但他們失敗的次數是一般人的三倍。必須源源不絕地湧出『就算失敗也沒關係，先做了再說』、而並非擔心『這麼做會不會失敗』的心情。失敗個一兩次，根本不足以為懼。」

再厲害的人也不可能永遠成功，反而會經歷過無數次的失敗。就算受到挫折，也不屈不撓地一再挑戰，才能交出許多令人驚艷的成績單。這點不管在哪個領域都一樣。

不同凡響的人，失敗的次數也不同凡響。

累積的經驗絕不會白費

戴森是以吸塵器闖出知名度的電器公司，創始人是名叫詹姆斯・戴森（一九四七年～）的英國人，聽說他在開發渦輪式的吸塵器時，失敗了五一二六次。

一再地試作、打掉重練、試作、再打掉重練……不斷改良，試到第五一二七台的時候，終於成功了。

既然如此，只有第五一二七台算成功嗎？

絕對沒有這回事吧！**因為記取了五一二六次的失敗教訓，才有第**

五一二七台的成功，「成功」是由無數次的失敗創造出來的果實。

世界上第一台渦輪吸塵器大發利市，如今不只吸塵器，該公司也製造各式各樣的電器產品，成為以劃時代的設計及絕佳性能而備受好評的大公司。

戴森深知無論遭受再多次失敗都不要放棄的重要性，還說過以下這句話：

「我認為，在學校裡失敗過最多次都能再站起來的人，應該能拿到最高分喔！」

據說湯瑪士．愛迪生（一八四七～一九三一年）是戴森非常尊敬的發明家。說到愛迪生，他有一句名言。

「我不是失敗。

只是發現了一萬種行不通的方法。」

這是愛迪生為了製造出燈泡的鎢絲，嘗試使用各式各樣的材料時說過的話。戴森說自己受到愛迪生這句話相當大的鼓舞。

研究科學的態度，無非是不斷地「建立假設，加以驗證」。即使不順利，也要告訴自己「至少知道這樣行不通了」，那就不是失敗。從排除掉一個可能性的角度來說，其實是往前進了一步。

正因如此，**所有的努力都不會白費。**

否定失敗，就不會有大發現、大發明了

大村智博士獲頒諾貝爾獎時，他的團隊發明的藥物「伊維菌素」能治療發生在熱帶的地方性流行病，拯救了住在非洲及中南美的數億人口，被譽為他畢生最偉大的功績。

用來製造這種藥的細菌，是「剛好」從靜岡縣伊豆的高爾夫球場附近的土壤中發現的小故事，也成了世人茶餘飯後的話題。但絕不是博士去打高爾夫球時偶然的發現，之所以能發生那樣的「偶然」，其實是有非常多累積。

為了蒐集微生物，大村博士一直都有隨身攜帶小塑膠袋、採取各地土壤的習慣，從那些土壤分離出細菌，進行分析的研究。

一年採取到兩千五百棵左右的菌株，分離、培養裡頭的細菌，研究哪些可以利用。細菌的種類簡直是天文數字，絕大部分的細菌都不能用，幾乎所有的細菌都「還是不行」。

即使找到有可能性的細菌，也得花五、六年的時間才能判斷是否真的有用。如果可以採用，又得花上好幾年才能用化合物做成藥。如此一步一腳印地研究，持續累積的結果，才找到後來被稱為「奇蹟之藥」的伊維菌素。

唯有不屈不撓地持續累積這些看似徒勞無功的努力，才能獲得偉大的發現。倘若是微不足道的可能性就加以排除，就不會發生令人欣喜的偶然。

在研究、發明的世界裡，經常可以看到如上述的過程中這樣，偶然發生的意外引起重大發現或重大發明的案例。

例如，對細菌傳染病有療效的抗生素盤尼西林，就是在研究葡萄球菌的過程中，在用來培養細菌的培養皿中長出了青黴素。居然長出黴菌，無疑是嚴重的失敗！但是，在得知這種青黴素所分泌的液體，具有能殺死有害細菌的力量之後，世上最早的抗生素「盤尼西林」就此誕生。

利用雷達產生微波，藉此進行熱電子管實驗的技術人員，因為剛好放在口袋裡的巧克力融化了，進而思考是否能將微波運用在烹調技術上，因而發明了微波爐。

還有在美國實施禁酒法的時代，為了製造用來代替酒、也可以當成止痛藥來使用的飲料，不斷地試錯後，發明出風味絕佳的糖漿。而原本要在糖漿裡加水、不小心弄錯加成蘇打水，最後製造出可口可樂。

只要把失敗，想成是通往成功的過程就行了

剛才舉的例子，都是在某項事務鑽研的過程中偶然發生的意外收穫，倘若研究人員或開發人員沒有留意到那些「偶然」的有趣之處，就不會產生那些發明了。

因為不曾小看發生的每件事，也不認為那只是不值一提的失敗，試著從中找出意義與價值，並且持續挑戰，才能得到出乎意料的大發現。

還有許多從失敗或偶然中誕生的契機。

「『傷腦筋』，其實是發現下一個新世界的門。」這也是發明王愛迪生

留下的名言。愛迪生一生創造出一千三百多項的發明與技術，都是因為他能勇於面對不計其數的困難。

失敗為成功之母，這句話一點也沒錯。

我個人認為啊，**如果成功是「一切順利的結果」，失敗就是「還不順利的狀態」**。換句話說，**失敗並不是成功的反義詞，而是通往成功的過程**，或是通往成功的階梯，我們應該這麼看待失敗，不是嗎？

只要能不氣餒、不放棄、耐著性子繼續努力，總有一天會成功。從這個角度來思考，就會覺得因為失敗就半途而廢、撒手不管，是非常可惜的事。

成功的英文是什麼？是「success」。

「success」這個單字源自拉丁文，意思是緊接而來的東西，也就是說成功將緊接而來，因此不能在失敗的「狀態」就放棄。

「經常犯錯且能一笑置之」的人，進步得很快

我常去的店有個外國店員，那個人起初完全不懂日語，但只過了半年就進步神速。

我覺得好厲害，問他：「你的日文怎麼變得這麼好？」

他回答：**「因為我常講、常錯、常笑自己。」**即使講得不流利，還是要常講，就算犯錯也不在意。

如果被指出說：「你那種說法很奇怪喔！」就回以一句「啊，我講錯了！」跟對方一起哈哈大笑。雖然經常講錯，還是有許多人願意糾正他「這

時候要這樣說……」，久而久之就能記住正確的講法。

那家店更早之前還有另一位外國店員，但他的日文沒有那麼好，因為他怕出糗，不太敢講話。兩人不同的態度，一定影響了進步的速度。

「常講、常錯、常笑自己」——這是學習語言的不二法門，我感到非常佩服。

那位外國店員面對失敗的心態非常好，而且有「犯錯的勇氣」。因為犯錯，才能向別人請教，才有機會學習。

認為犯錯對自己反而是好事，因此就算說錯也不覺得丟臉，才能開朗地一笑置之，不會放在心上。

「怕丟臉、不想失敗」的人，會錯過機會

我教過一位大學生，他曾經在高中時期去澳洲短期留學兩週，住在寄宿家庭。他告訴我，在那裡明明有機會與當地的高中生交流，去到澳洲的日本人卻總是混在一起，許多人幾乎不用英語跟當地的高中生交談。

他對自己的英文也沒有信心，但是心想如果不勇敢主動開口，特地大老遠跑來澳洲就毫無意義了，因此鼓起勇氣與當地的學生說話。於是，當地人也主動與他攀談，感覺愈來愈有趣，「說不好會很丟臉」的心情消失了，「想和對方聊更多」的心情油然而生，充滿興奮與期待。

為期兩週的短期留學，最大的收穫莫過於對於用英語講話這件事不再有「萬一講錯會很丟臉、說不好會很丟臉」的心情。從此以後，不只英語，他對很多事都不再害怕了。

或許很多人都認為害羞是性格的問題，但通常只是「不熟悉而已」，一旦覺得「說不好會很丟臉、不想失敗」，將失去變得熟練的機會、變得更好的機會。

因為害怕失敗而錯失良機，會讓自己離成功愈來愈遠。盡情犯錯、盡情品嘗失敗的滋味，可以讓自己快點熟悉這個感覺，熟悉以後，自己的態度也會改變。

不再害怕失敗，世界也愈來愈寬廣，變得更有膽識，羽翼愈來愈豐盈。

若想不怕失敗，就要累積許多失敗的經驗，這才是正確面對失敗的方法。

對失敗的恐懼，來自於慣性

我說過，害怕失敗是「心的偏好」所致，說穿了，就是受到我們對失敗的潛意識影響。

另一種則是認為「失敗是不好的、不可以失敗」的主觀意識過於強烈。從小行動就受到限制，「不可以做這種事、不可以做那種事」、「這麼做會失敗，引起嚴重的後果」、「不要變成那樣喔」，在這樣的規勸下長大，**不習慣自己做判斷的人會更害怕失敗**。

再者，如果失敗時曾經被罵得很慘，或是因為自己的失敗受到周圍的人指責，這種經歷也會強化「不可以失敗」的意識，讓人過度害怕失敗。

這與失敗時在意別人的眼光、不想丟臉的心情也有很深的關係。

如果失敗時處於沒有任何人看見，也沒有任何人知道的狀態，即使覺得「糟了，被我搞砸了……」，也不會覺得丟臉吧？**之所以覺得丟臉，是意識到別人的視線及反應**；是覺得自己丟臉的模樣、窩囊的地方被別人看到了，才感到羞恥；意識到自己可能會被嘲笑、被調侃、被看扁，屈辱感及羞恥感才會倍增。

不只被「失敗」的事實刺傷，也擔心「失敗會被取笑」，深怕傷害到自己的人際關係。

即使自己沒有親身經驗，看到別人失敗的時候有什麼下場，也會產生「失敗＝不愉快的事、不好的事」的記憶。

這些負面的記憶及潛意識會在耳邊低語：「失敗很討厭、失敗會受傷、所以不能失敗。」只要不失敗，就不會留下不愉快的記憶。

這種心情會讓各位對自己的心踩剎車，「還是別做可能會失敗的事」，就無法勇於挑戰、採取積極的行動。

害怕失敗的人，其實是自我防衛的本能過度反應了。

不安與放心之間

我們的生活，是由「不安」與「放心」這兩種極端的平衡所構成。世上沒有絕對安全、放心的事物，不知道什麼時候會發生天災人禍、不知道什麼時候會受到新型病毒的威脅。

每個人都在「不知道什麼時候、會發生什麼事」的情況下過日子，每個人都有想保護自己免於危險的自我防衛本能。在那種本能的保護下過著安全的生活固然重要，可另一方面也要有勇氣面對挑戰，不能太害怕危險。

「因為不安，所以不做」、「可能有危險，所以還是算了」，如果動不動就把這種話掛在嘴邊，自己的世界就會愈來愈小、愈來愈狹窄。

心理學家馬斯洛在《邁向存在心理學》（*Toward a Psychology of Being*）這本書裡提到，唯有克服喪失安全的恐懼，擁有成長的勇氣，人才能真正長大的內容。勇氣是「想多挑戰一些東西！」的心情。

活在不安與放心的夾縫間，要怎麼取得平衡呢？該怎麼做才能控制恐懼或不安的「情」，取得內心的平衡呢？

沒錯，要靠「知」與「意」的力量。

為了安撫不安、害怕或不想丟臉、我肯定辦不到的情緒，必須發揮「知」的力量，思考要怎麼做才能辦到，下定決心用「意」志來實踐。

如果能感受到「看吧，我辦到了。根本沒什麼好怕的！」，體會到「好高興！痛快極了！」的快感，是最理想的狀態。

大功告成的喜悅、挑戰的樂趣、如願以償的興奮等等快感，能夠為心靈帶來很大的安全感，化為衝勁及行動力的能量來源。

接下來若有想嘗試的事情，**只要有「大功告成的快感戰勝不安與恐懼」的經驗，就不會再害怕挑戰新事物。**這也會成為戰勝羞恥的動力來源，讓人擁有不會因為一點小事就受到挫折的力量。

人生就是在不安與放心的夾縫間，一邊逐漸取得「知、情、意」的平衡，一邊漸漸學會該怎麼做。

以「失敗很正常」為前提

接下來想介紹關於「心的慣性」，希望能幫助各位不再害怕失敗。

我說過，最好把失敗當作是成功的必經過程，失敗並不是「可能會發生」，而是「一定會發生、失敗很正常」。

害怕失敗的人會說「萬一失敗怎麼辦？」這時只要回想練習的時候、準備的階段是怎麼做的就行了。

不過，即使做了十次，十次都能成功嗎？

假設十次中只有五次成功，成功機率為五成，相當於兩次會失敗一次。

只要一開始就以兩次會失敗一次的心態來面對，就不會對自己產生太高的期待。

「萬一失敗……」是試了十次、三十次都不成功的人才能說的話。明明準備得不充分，卻低估失敗的可能性，無疑是太天真了。

只要能正確地預測「一定會失敗、失敗很正常」，就沒什麼好怕的了。

只要打從一開始就容許失敗發生，就算真的失敗也不至於一蹶不振。換成別的事也一樣，只要事先做好預測，一切都不足為懼。

已故的日職教練野村克也（一九三五～二〇二〇年）曾經說過：

「棒球是一種『失敗的運動』。」

只要選手有三成的打擊率，大家都會說他很厲害，但打擊率三成，其實是代表「七成都失敗了」，十次中只有三次能順利地打擊出去。因為要以打擊率這麼低的攻擊來得分，所以才會說棒球是「失敗的運動」。

投手也不例外，必須拚命投出好球來三振對方，但無論再怎麼厲害的投手，也不可能只投出好球。不想投出四壞球、用力過猛的結果是根本進不了好球帶；就算能投出很多好球，萬一被對方打擊出去，就有失分的可能性。

「萬一失敗……」，一旦產生這種念頭，就無法勝任棒球選手。必須事先告訴自己，人生不如意事十之八九，思考「如何減少失敗、如何在失敗後馬上振作起來」。

把「個人」與「行為」分開來思考

容易對失敗耿耿於懷的人，具有以下的特徵：

- 「太丟臉了，我好受傷。再也不想見到任何人，也不想去學校了……」情緒很容易跌落谷底，變得內向。
- 「我真沒用，居然會犯這種錯。我是廢物……」像這樣責備自己。
- 因為失敗而喪失自信，認定「像我這種人，挑戰再多次也沒用，反正我就是辦不到」。

比起失敗這件事，**滿腦子都是「失敗的自己」**，很容易陷入否定自我的

模式。

問題是，誰也改變不了已經發生的事、時光也無法倒流，即使對「自己搞砸事情的心情」想再多，也想不出解決的方法，因為應該要關注的角度不對。

羞恥、後悔、討厭自己……或許內心有很多想法，但不妨都先暫時擱到一邊。一旦隨情緒起舞，就看不見本質。

為了擺脫失敗的傷害，應該要面對的並不是「自己的心情」，而是「現在該怎麼做」。

失敗本身與你這個人無關。

失敗並不表示「你不行」，而是要在告訴我們「這種作法不行喔」。

不需要因為失敗而否定自己，請把「自己」與「行動」分開來思考。

一旦認為「自己不好」就很容易陷入「自己很沒用」的迷思，問題是，如果是「這個行動不好」，只要提醒自己「下次別這麼做」就好了。

不要聯想到是自己的人格有問題，而是具體地思考「到底是哪裡做得不好、該如何補救（挽回）」。

專心思考改變現實的方法，就能把自己從情緒的漩渦中拉出來，就不會浪費時間再為失敗耿耿於懷了。

專心思考如何補救

失敗後該做的，是專心思考接下來的行動，檢討到底是哪裡做得不好，修正做法，再次挑戰。

不要「擔心」已經發生的事，而是致力於「思考」接下來該做的事。只要重新來過，而且這次成功了，那麼之前的失敗就不是失敗。活用失敗的經驗，也是通往成功的必經之路，

萬一再挑戰還是失敗呢？當然也會發生這種事。

如果還不成功，就繼續修正，再挑戰一次。

唯有不斷地「試誤（trial and error）」，直到成功為止。試誤會幫助我們一步一步踏上通往成功的台階，所以就算犯錯也不必失望，反而要高興自己又前進了一步。

「拜那次失敗所賜，我才能發現自己的錯誤」、「修正之後重新再來一次，這次總算成功了」，累積諸如此類的經驗，**讓自己產生「失敗一定能補救」的想法**。

用新的成功體驗覆蓋失敗，只要能養成這種心態，就能產生「失敗也不會死」的自信。

如果只失敗一次，就覺得「我受傷了，再也不想經歷這樣的痛苦了」，就會一直無法擺脫那段痛苦的回憶，而耿耿於懷。只要再挑戰一次，藉由品嘗成功的喜悅、大功告成時的快感，覆蓋掉失敗的負面記憶即可。

兼好法師在《徒然草》中說道，想培養什麼才藝的人如果覺得「要練到爐火純青才在人前表演」，就什麼都學不會。即便還很彆腳，敢混在一群技藝純熟的人當中，即使被笑也不以為恥地努力排練，遲早會變得很厲害。

「萬一失敗，可能會鑄成無可挽回的大錯……」，或許有人會這麼想，但唯一無可挽回的大錯，是只有與生命有關的失敗。

如果失敗會死人，確實無法重來一遍；無論是自己的生命，還是別人的生命，絕不能讓生命暴露於危險之中，除此之外的失敗都能從頭來過。

人生在世，只要別放棄前進，永遠都可以從頭再來。

不斷地重蹈覆轍，是因為沒有接受失敗

話雖如此，也不能一直重複相同的失敗喔！**會一再重蹈覆轍的人，通常是因為沒有好好地接受失敗**。

舉例來說，有人經常遲到、每次約會都不守時，對吧？無法遵守規定或答應別人的事卻做不到，真的很糟糕。無論有什麼理由，不遵守約定都「不對」。

承認自己「不對」的人會道歉，下次不會再犯。但如果不認為遲到是自己「不對」，就會講很多理由來說明自己為什麼遲到。

我雖然說過要把「自己」與「行動」分開來思考，但這可不是讓各位逃避責任的藉口。

老實承認自己「不對」，才能了解哪裡做錯，該怎麼修正。

有人明明有很崇高的社會地位，卻頻頻失言；不經大腦說的話會傷害別人，讓人感覺不愉快。一再失言卻怎樣都不肯改過來的人，問題出在未能從本質上理解自己的發言到底哪裡不得體。

除非有所自覺「我的壞習慣是從單方面的角度思考，很容易傷害到別人」，努力改掉這個壞習慣，否則永遠都改不過來。

只要提醒自己「這個習慣不太好，一定要改過來」，就能改過，如果沒有這個意識，就永遠也改不過來。這麼一來就無法從錯誤中學習，也無法善用失敗帶給我們的教訓。

「過而不改，是謂過矣。」這是孔子在《論語》中非常有名的一句話。

意思是說，犯錯本身不是問題，明知有錯卻不悔改才是真正的錯。

只要有勇於改正錯誤、修正軌道的能力就行了。就算失敗，只要「改掉不好的地方，重新來過」，不需要不會失敗的能力。

不怕失敗的「天守閣」精神

我每年都會告訴大學剛畢業、即將進入社會的學生一句話：**「別忘了『天守閣』的精神喔！」**

鼓勵學生要有願意為了達成目標勇往直前、不害怕失敗有三種精神：

「天」是「天天向上」！

「守」是「守住有錯必改的底線」！

「閣」是「閣下千萬別忘了檢查」！

這是我引用自位於一座城堡中最深處，相當於核心的「天守閣」，並擷取三種精神的字首所自創的詞彙。

什麼是「天」的精神？

天守閣位於城堡最高的地方，相當於核心之地。出了社會，無論踏上哪條路都一樣，希望各位都能以站上那個世界最高點的志氣面對自己的工作。要提升內心的熱量，隨時都要充滿熱情、精神抖擻、積極向上，以站上業界的最高點為目標。

什麼是「守」的精神？

要有修正的能力，只要周圍的前輩或主管做出任何指示，就要立刻反應，加以修正。

如果前輩或主管說：「你的聲音太小了，聽不清楚。」下次不妨大聲到讓他們反過來說：「喂，不用那麼大聲。」剛開始的時候抓不到修正的幅度是很正常的事。既然如此，不如改變得稍微極端一點。多試錯幾次，不知不覺就能逐漸掌握到修正的尺度了。

什麼是「閣」的精神？

修正後，一定要檢查。即使自己覺得「這樣很好」，也不見得是對方要求的結果。請務必一面進行一面詢問前輩或主管、客戶「會不會過於一廂情願、是否回應了對方的要求」。

「只要記住『天守閣』這三個精神，無論面對各種狀況都不至於手足無措。即使失敗、碰壁，也一定有辦法解決。」我都是用這個結論送大學生出校門。

不只社會新鮮人，我認為「天守閣」精神也適用於各個年齡層和各種立場的人。

失敗是「勇氣的動章」！

不幸失敗、想快點忘記，是人之常情，但我建議大家反而要把錯誤記錄下來，做一本「失敗筆記」。寫下犯了什麼錯、為什麼行不通、該怎麼做才能改善、自己又是什麼心情。

用五顆星來評量此時此刻、在精神上受到打擊的程度，也不錯：「今天的失敗大概是兩顆星」、「這次的失敗好痛，高達四顆星」。

「寫下來」也等於把積在心裡的負面想法發洩出來，寫成文章還具有客觀地審視自己、整理心情的效果，事後再回頭看，還能當成「負面教材」來運用。

人類是很容易遺忘的生物，因此就算痛心疾首地深刻反省，但隨著時間流逝，還是會忘記當時的心痛，失敗筆記的記錄能幫人想起當時的感受。「原來如此，原來這就是那次期末考考得稀巴爛的原因啊！」只要找到原因，就能提醒自己，引以為戒，失敗的紀錄一定會發生作用。

附帶一提，今後各位應該有機會接受各種面試，絕對會有人問你：「請問你有過失敗或挫折的經驗嗎？從中學到什麼？」

判斷一個人的心智成熟時，「犯過哪些錯，怎麼面對那些錯誤」是經常提到的問題。

不要從記憶中抹去失敗的經驗，反而要內化成對自己有意義的教訓，失敗也可以是自己的資產。做了某件事，犯了錯，加以修正，再做一遍。還是不順利的話，就繼續修正，再做一遍。日積月累下來，人就能學習，就會成長。

累積經驗時，永遠擺脫不了不曾經歷過的恐懼，永遠必須與未知的恐懼對抗，這需要許多勇氣。

不要裹足不前，要有「先試試看」的勇氣、接受自己並不完美的勇氣；即使犯錯、即使失敗，也能站起來再往前走的勇氣。不怕失敗地累積經驗，是你具有許多勇氣的證明。

失敗，是你「鼓起勇氣的勳章」。記錄在失敗筆記裡的星星都是你的「失敗勳章」，集到一定的數量時，犒賞自己一下也無妨。

「敢於失敗的勇氣」將改變你的世界，因此不能逃避失敗。

失敗最棒！歡迎失敗！失敗儘管來！

我認為「堅強的心」將與經驗的豐富程度、克服失敗的次數成正比。

沒有一百分也沒關係，但是要做到百分之百

聽到樂團雙人組合 YOASOBI 的〈群青〉這首歌時，我深刻感受到這是為了害怕失敗，不敢踏出那一步的人所寫的加油歌，鼓勵人們：

「也許你會沒有自信、會陷入內心雜亂無章的思緒漩渦，但不要輕易放棄自己熱愛的事；把目前為止所累積的人生經驗當作武器，勇往直前。」

「THE FIRST TAKE」是讓歌手挑戰一鏡到底、只能錄音一次不能重來的 YouTube 音樂頻道。YOASOBI 也在「THE FIRST TAKE」演唱過〈群青〉。由 YOASOBI 的兩位成員唱主音，不插電音樂演奏團體 PLUSONICA 演唱和

聲的部分，與樂隊成員一起演唱，而且必須要一次就錄好，沒有重來的機會。

主唱ikura（幾田莉拉）小姐接受電視節目的訪問時是這麼說的：

「不要想著要得到一百分，而是從頭到尾都拿出百分之百的能量，我認為這就是『THE FIRST TAKE』的精神，我想我這次應該有做到。」這句話是不是給了大家相當大的啟示？

各位在日常生活中，也有過一次定勝負的情況吧？心想著絕不能失敗，緊張極了。像這種時候，如果覺得一定要拿到一百分，很容易過度緊張，無法發揮原本的實力。請反其道而行，以「從頭到尾都能澈底發揮自己百分之百的實力」為目標就行了。

只要以「能否澈底發揮自己百分之百的實力」為目標，就能消除雜念，容易集中精神，這樣的表現就很容易打動人心。另外，若能澈底發揮百分之百的實力，就會得到全力以赴後的成就感，因此完成後就不會留下遺憾，也不會那麼在意結果如何。

沒有一百分也沒關係，但是要拿出自己百分之百的實力。

這是讓自己變得不怕失敗的重要祕訣。

第二章

重點整理

1．不要怕失敗、不要怕丟臉、不要太在意——正因為有失敗，成功才更閃耀動人。

2．就算失敗也不要否定自己，專心思考「接下來該怎麼做」。

3．捲土重來，再次挑戰，只需要一點勇氣與修正力，就能讓你的世界更寬廣。

第三章

把「修正力」當成自己的武器！

人生必備「修正力」

「〇〇選手很有修正力呢。」

「△△△隊的長處就在於有高度的修正力。」

觀賞運動賽事時，各位是否也聽過這樣的解說？有修正力的選手及隊伍即使前面表現得不太好，也能確實地重新振作起來，有時還能將劣勢化為自己的優勢。

掌握自己的狀態，知道該怎麼做才能表現得更好、該怎麼加強才能提升勝利的成功率及準確度、該如何調整自己的狀態，這也是一種實力。擁有高度的修正力就能配合狀況臨機應變，能有彈性、柔軟地面對各種狀態。

只要能柔軟地應對，就能無限拓寬「做得到」的範圍，也會因此變得愈來愈強。修正力高的選手通常有很大的成長空間，即使受傷，也能再次滿血復活。

所謂修正力，是為了面對自己挑戰的「現實」而改變自己的能力。

即使是心態不夠強大、沒有自信的人，也能鍛鍊自己的修正力。

首先，最重要的是具備「只要修正就沒問題了！」的意識；只要修正的力量在內心深處紮根，這一生都會受用無窮。

就算不順利、就算一時半刻沒有成果，只要能想到「沒關係，只要修正就沒問題」，就能不再煩惱，減輕壓力。

修正力，將會成為支撐自己的強大武器。因此我強力建議大家，愈早培養自己的修正力愈好。

精進學業也要靠「修正力」

當然，讀書也不能少了修正力。各位在寫完考卷後，會不會檢查有沒有因為粗心而不小心犯的失誤呢？

檢查自己有沒有單純地寫錯或算錯、**解讀錯問題等等**，**這也是一種修正力**。只要仔細檢查，就能減少因為粗心大意的錯誤而被扣分的情況。

然而，學習時真正的修正力不只如此。**收到發回來的考卷**，**也要檢查自己不會的問題**，**重新做一遍**，這點非常重要。

不會的問題大致可以分成以下三種：

（1）冷靜下來就能答對的問題。

（2）不知道該怎麼回答或解法的問題。

（3）看不懂意思的問題。

重點在於重新審視答案，檢查自己答錯或答不出來的問題屬於（1）、（2）、（3）的哪一種，找出正確答案。

（1）是粗心大意答錯、不小心搞錯題意等等，只要冷靜下來仔細思考，應該就能答對。不是不會，只要再做一次就能牢牢記住；犯錯反而能成為「忘不了的知識」也說不定。

（2）是沒學會，所以答不出來，或者是不知道該怎麼思考才能導出正確答案，這種通常是沒有充分理解。

如果是期中考，老師應該會事先公布出題範圍，因此也表示沒有複習到那個部分，沒有確實理解。只在收到發回來的考卷時從頭再做一遍的話，無法確定是否真的理解了，因此請隔一、兩個禮拜後，再重做一次看看。

不妨挑戰同樣的問題兩、三遍，如果再做個練習題，加強練習類似的問題就更好了。

（3）是根本不明白題目的意思，不知道問題在問什麼，所以答不出來，因此必須培養理解文章脈絡的能力，冷靜下來、仔細看問題，就能理解出題者在問什麼。只要理解問題的意思就能回答，但是，如果理解問題的意思也答不出來或不知道解法呢？如果是後者，就請以（2）的要領重新學習。

讓原本的「不會」變成了「會」，這就是對考試的「修正力」。

重點在於讓自己抵達「只要努力就能辦到」的境界。

將「錯了、不懂」的失敗體驗，轉換成「只要努力就能辦到」的成功體驗，是非常重要的。

上一章提到過可以寫「失敗筆記」，製作考試的「答錯筆記」或許也是個好方法。

把過去答錯的問題整理下來，好讓自己隨時都可以回頭複習，也就是寫滿「常見的錯誤」的筆記本。

正常人都不想看那種東西吧？但只要轉個念頭，想成「這些都是我考試時犯的錯，但也是後來都能答對的問題」，就能成為自己的寶藏。

另外，也能釐清自己容易犯哪些錯誤、不擅長哪些問題。只要搞清楚犯錯的傾向，就比較容易擬訂對策，對今後的人生也有幫助。

若能看到未來，努力就沒那麼辛苦了

「考完試，一定要做到那種地步才行嗎？好麻煩啊，我辦不到……」

或許你會這麼想，這絕不是「非做不可的事」，不想做的人也可以不用做喔！只是，做與不做的人會呈現出明顯的差異。

做到的人在之後的考試裡都能拿高分，因為他們將逐漸熟悉學習的方法，日益進步。

我在就讀東京大學時留意到一件事：「這裡的人都能把吃苦當吃補。」

為什麼能把吃苦當吃補呢？**這是因為他們已經看到了「只要照這些步驟來做，一定能達成目標」的未來。**

周圍的人經常稱讚他們「很聰明、很厲害、很會讀書」或「怎麼能這麼厲害？」但是看在當事人眼中，可能會覺得自己沒有做什麼特別的事，只是按部就班地遵循每個必要的步驟。

他們在十幾歲的時候就意識到「學習不就是這樣嗎」，相信「這麼做，可以拿到更好的分數」和「這麼做，應該能考上東大」並按部就班地執行。**因為看到未來，就不覺得努力很辛苦，就能堅持下去。**

不只東大，經常可以聽到「我的偏差值[3]原本只有△△，居然能考上超難考的○○大學」這樣的故事蔚為話題。那些人並不是創造奇蹟，而是擬訂了「憑我現在的實力，該怎麼做才能考上」的策略，並且朝著目標循序漸進地執行，化不可能為可能。

當然，擬訂哪一種策略固然重要，但只要能看到未來，就能繼續努力，不至於被不安擊潰，也能不以努力為苦。

不管做什麼，這點都是一樣的。

3 日本學校使用的升學分數排位計算方式，偏差值愈高，表示愈容易進入好學校。

你有察覺「問題」的能力嗎？

為了讓修正力發揮作用，首先要分析「到底是哪裡做得不好」。

各位有發現問題的能力嗎？是否能夠提出「問題是不是出在這裡？」的假設，然後再強化、改善那個部分。如果一直不曉得問題出在哪裡，再怎麼拚命努力也不會變好。

大家還記得教科書上教過宮澤賢治的《大提琴手高修》（セロ弾きのゴーシュ）嗎？

高修在樂團拉大提琴，經常挨團長的罵。高修是真心想提升自己的琴藝，但完全不知道該怎麼做、該怎麼改善才好。晚上回家也獨自練習，因此每天晚上都吸引很多動物來聽。高修在與那些動物的交流中，學會修正自己演奏所欠缺的東西，只不過，他並沒有意識到這一點。

音樂會當天，受到團長及樂團伙伴的讚美，高修這才發現自己短期間內進步神速。確實也要歸功於徹夜苦練的成果，但光是一個人埋頭苦練，大概無法有這麼明顯的變化。

一開始，高修對動物們非常不客氣，甚至還欺負牠們，但也逐漸對來訪的動物們卸下心防，變得愈來愈溫柔。在這樣交流的過程中，高修開始能演奏出充滿感情的音樂。就結果而言，也修正了問題：不只大提琴的演奏技術，變得願意傾聽別人說話這點，也可以說是高修的成長。

如果能靠自己發現問題並且修正過來，自然是再好不過了，如果無法靠自己發現，**接受別人的指教也很重要。**

找到好導師

想學會新事物，如果不是請教會的人，就是接受該領域的專業老師或教練的指導。

光靠自己無法理解的部分，只要向精通此道的人請教重點，就能進步神速。

幾乎所有失敗的原因，都是「沒有優秀的導師」，只要有優秀的導師、優秀的顧問，很快就能看到變化。

從這個角度來說，**學習才藝非常適合用來培養進步的能力或修正力。**

因為向好老師、好教練紮實地學會基本功，可以體會到反覆進行細節的修正就是邁向成功的進步過程。

另外，真正好的指導者不只傳授技術，也會傳授重要的精神。指導少年足球的人說過，在比賽時，犯錯的孩子很容易因此害怕失誤，潛意識地避免碰到球。像是移動到球不會傳來的位置，還沒比賽心態就已經先認輸了。

害怕犯錯的心情只能靠自己克服，如果沒有能巧妙地指出這種心魔的教練，光靠自己是很難注意到的。一旦在潛意識中養成「逃避的習慣」，就會變成思考的偏好，當感到困擾、強烈的不安，就會選擇「逃走吧、逃走吧」。

學習確實的技術也很重要，要是能遇到可以同時教我們該如何調整心態的指導者，無疑是件非常幸福的事。

為了調整自己的技術、身體狀態、心態等等，世界頂尖等級的網球選手都會聘請專業的隨身教練，接受好教練一針見血的指導及建議，讓自己的修正力更上一層樓。

以前，錦織圭（一九八九年～）選手[4]換掉多年來與自己並肩同行的教練時說：「該是聽取新意見的時候了。」這句話令我印象深刻。

在頂尖、專業的領域裡，即使是多年來合作無間、非常合拍的好教練，在面對到新的問題時，就必須換上新的教練，就連優秀的專業選手也需要好的指導者。

《徒然草》[5]有一個故事是說，仁和寺的法師好不容易去到石清水八幡宮，卻因為沒有人帶路、不知道八幡宮的本殿其實是在山上，結果沒有參拜本殿就回返，留下了一句名言，「再微不足道的事也需要前輩（引路人、指導者）」。

4 知名的日本職業網球選手。

5 日本隨筆文學的代表作品之一，成書時間約在西元一三三一年左右。

拆解問題，個個擊破

請把問題拆解開來思考：搞清楚問題↓進行強化、改善↓做出結果。

為了培養學習上的修正力，在過程中，我們會強化問題的重點並加以改善。如果學習目標設定得太籠統，就無法具體地看出哪裡該修正。

例如「英文不好，因此目標是提升英文能力」，像這樣就太粗略了，要再把問題細分出來。

英文是哪裡不好？單字背得不夠多？還是不熟悉文法？是發音不標準？還是英聽能力太差？

如果冷靜思考後，發現是單字背得不夠多，當務之急的目標就是「多背一點單字」。

充實自己的單字庫不是兩、三天就能完成的事，必須設定一段比較長的期間，例如兩週或一個月，利用這段時間拚命記單字。兩週後，一個月後再來檢查背單字的成果，然後再設定下一個目標，朝那個方向前進。

重點式地集中在一個地方，堅持到做出成果為止。

我曾經指導小學生練習單槓後翻。單槓後翻其實是有技巧的，像是把腳踢起來的時候，如果往前踢，通常都翻不過去。相反地，若是想像自己腦袋後面有一顆足球，想像自己要踢到那顆球，成功機率就大很多。還有一種器材是用來輔助練習單槓後翻，也可以善用它來掌握腳往上踢的訣竅。

在學會腳該怎麼往上踢以後，再換訓練手肘。如果把手肘伸直，身體也會伸直，所以要彎曲手肘，用力地抓住單槓，拉起自己的身體。引體向上的同時也要集中精神，以「好，這裡要用力！」「這裡！」「這裡！」的重點一再重複。

像這樣將重點拆解成一項一項，並且反覆練習。

一旦掌握每個重點，就可以拆掉輔助器材，自己練習。

當孩子一次次地掌握到每個改善的小重點，終於能靠自己的力量單槓後翻時，他們的喜悅真的非同小可，全身都散發出超級興奮的感覺。那是一開始就會單槓後翻的人無法體會的巨大喜悅，也就是所謂的「成就感」。

抵達目的地前付出愈多心血、愈努力的人，愈能深刻地感受到所謂的成就感。

不惜一切努力，從中得到巨大成就感的經驗，將成為「只要努力就能辦到」的自信來源。

多嘗試幾次，提升經驗值

說自己「很容易受傷」、一次失敗就覺得自己不行了的人愈來愈多，歸根究底其實是因為他們只嘗試了一次。只要做好心理準備，認清「沒有一次就能成功的事」，就算有點沮喪，也不至於受到嚴重的打擊。

「第一次挑戰」，代表「經驗值」為零，**只要多嘗試幾次，內心的經驗值就會逐漸成長，只要多挑戰幾次，就能察覺微乎其微的「差異」**。

「第一次是因為這裡和這裡不對。」

「第二次嘗試的時候這裡變好了，但這裡還是不夠好。」

「第三次的感覺很不錯，但這裡還有進步的空間。」

可以參考的修正數據愈來愈多，因此很容易具體地發現到哪裡該怎麼做才好。

我建議很容易受傷、心思很細膩的人，應該把他們纖細敏銳的感受性運用在「察覺差異」上。

若要找出問題、練習需要改善的關鍵處、需要「對細微的差異很敏感」的特質，因此，心思細膩的人應該很擅長這件事。

也就是說，為了發揮修正力，需要細膩敏感的觀察力，經驗值能讓人踏實地成長。

「考試是一次定生死，萬一失敗也沒有機會再來一次，不是嗎？」

沒錯，考試確實是當天定生死，所以重點在於那天以前要不斷地練習。

模擬考就是為此而存在的，最近模擬考的類型急遽增加，甚至有模擬面試可以讓人練習面試的應對能力。模擬考有兩個目的，一是為了掌握自己的實力，另一個目的是為了適應正式的考試。

練習是在接近實際考試的環境下，回答題型相同、方向相同的問題；抱著與參加正式考試同樣的心情，事先累積經驗值。模擬考結束後，仔細地檢查考試結果，拆解問題，加以強化、改善並逐一擊破。倘若能做到萬全的準備，考試當天就不會不安了。

多嘗試幾次、提升經驗值，就等於進行充分的準備，足以預測會發生什麼事，所以能放心地參加考試。如果以往你不擅長在發表會上說話，或是很容易搞砸重要的考試，就更需要練習或多多參加練習賽。

無法在練習時拿出實力、無法發揮修正力的人，就等於浪費寶貴的實戰經驗。

練習如何應對不合理的要求

我在大學教準備成為老師的學生，大家都想成為有熱情、能讓學生對上課內容充滿期待的老師，同時又觀察到現在有愈來愈多人當上老師後，卻感覺內心疲憊不堪的案例，所以也想好好鍛鍊自己的心態。

有鑑於此，我請他們挑戰了各式各樣的課題。像是花十五秒介紹看過的書、用英文簡報（發表）自己喜歡的東西，有時候還會提出要他們改歌詞來唱、試著表演一下短劇等等，有點「荒唐」的要求。

起初大家都很抗拒，但無論發再多牢騷、做再多抵抗，因為是上課，不想做也得做。因為突然要學生在同學面前表演的門檻非常高，所以我請學生四個人一組，講給組內的人聽，中途再換人，組成新的四人組，一而再、再而三地重複這種作法。

「不管別人發表什麼，都不能表現出負面的反應，要讚美同伴的勇氣與努力，為他拍手。」因為有這個規定，即使自己表現得不好，為此感到挫敗，也一定能得到溫暖的掌聲。

起初明明很排斥，但是重複幾次以後，大家愈來愈進入狀況了。

下課後，學生們都露出心滿意足的表情說：

「試了以後，覺得很快樂。」

「意猶未盡呢，下次我有信心能表現得更好。」

若說與開始之前有什麼不同，唯有「習慣了」這點。即使起初覺得自己辦不到，實際挑戰後也都能樂在其中。

一旦習慣這些不合常理的要求，就能養成臨機應變的能力。這才是我希望想當老師的人能具備的本質。

我自己錄過電視台的娛樂節目，導播曾突然要我「請模仿搞笑藝人」、「請唱歌」。因為不能回答「我不會」，只好硬上。其實也不是不能回答：「我是大學教授，這種事我辦不到。」但這麼一來，我就輸給了自己，等於給自己築起一堵「辦不到」的高牆了。

站在平常對學生提出荒唐要求的立場，我不能逃避，只能硬著頭皮上了。當然也會失敗，明明已經很努力了，結果一點都不好笑，最後還被剪掉了。

然而，即使知道失敗的可能性很高卻仍勇於挑戰的話，就能開拓內心認為「如果是這點小事，應該辦得到」的範圍；我認為不合常理的要求，能拓展自己的極限。

「非做不可」的環境讓你更堅強

各位還是學生，日常生活中有許多非做不可的事。這些非做不可的事情通常很麻煩，**可是正因為不能逃避，才必須要練習「習慣」**。

總之，必須先完成眼前非做不可的事。不要想太多，正因為處於被逼入絕境的狀況，才能提升專注力。

因為喜歡、擅長、有興趣去做，才能積極地從事各種挑戰。這是因為人對於自己喜歡或擅長的事，會產生「想表現得更好」等積極向上的熱情。比起羞恥或恐懼的負面情緒，正面的心情一開始就占了優勢，很容易產生勇氣。

不僅如此，即使是「因為非做不可才去做」的事，在集中精神、全力以赴的過程中，也會打開自己的開關，形成「挑戰—快感」的迴路，能擺出「主動迎接、有幹勁」的態度。

不是因為有幹勁才去做，而是在做的過程中啟動自己想去做的開關。

有一個名詞叫「渾然忘我」，這時候，我們根本顧不得別人怎麼看、怎麼說，很容易進入「無我」的狀態。

「已經沒有餘力去管別人怎麼看自己了」，當人處於這種狀態中，可以說是無所不能。願意對表現得不好的地方下工夫，告訴自己可以怎麼修正、這麼做會更好。

透過非做不可的事習慣挑戰，是拓展自己能力範圍的機會。

因此，不要因為不情願就敷衍了事，還是要全力以赴。如果能搞定原本認為「做不到、我不會」的事，光是擺脫惡性循環，就能得到相當大的快感，這一定也能帶給大家自信。

小鳥從蛋裡孵化出來時，得自己打破蛋殼出來，母鳥頂多從外面幫忙啄兩下，但基本上都必須靠小鳥自己的力量破殼而出。沒有這股力量的小鳥，在外界也活不下去，如果無法靠自己的力量衝破蛋殼，就只能待在蛋殼裡腐爛掉。

處於「非做不可」的環境下，其實是上天賦予我們靠自己破繭而出的成長機會。

一旦覺得大事不妙，就要立刻改變作法

我們小時候都是上國中才開始學英文，但現在是從國小就都要開始學英文了。

我從公立的小學畢業後，參加中學考試，考上國立大學的附屬中學，生平第一堂英文課，老師要我們唸教科書的標題「New Prince English Course」，我完全不會唸。

我還以為接下來才要學，現在不會唸很正常，但是從附屬小學升上來的同學們都會喔！「咦，你們從國小就開始學英文啊？」我還記得當時有點震

驚的心情。

第一次期中考後，我突然明白「這可不是『有點震驚』就能了事的程度」！因為我的英文居然只考了五十分，其他的同學不是八十分就是九十分，而我居然只考了五十分！小學時候的我還算是「會讀書的小孩」，這是有生以來第一次考五十分，讓我受到非常大的打擊。

尤其是我把英文字母「J」的方向記反了，因此所有用到「J」的單字都被打叉，這種失誤真是太丟人了。所幸期末考沒有再犯這麼丟臉的錯，但上學期的英文成績實在是太出乎我的意料之外了。

「這下糟了，一定要想辦法解決才行。」我反而被激起鬥志。

「好，整個暑假都要來學英文！」我下定決心，決定澈底學好英文。

「只是沒有從小學就開始學，看我怎麼利用暑假拉近這段差距，挽回劣勢！」

「嚇人的五十分」太令人不甘心了，因此那個暑假我真的非常認真學英文。結果下學期考得非常理想，成績也突飛猛進，從此以後，英文也成為我非常有自信的科目之一。

現在回想起來，正因為這「嚇人的五十分」給了我強烈的危機感，才能痛切地感受到「這下子得認真學習了」。要是沒有記反「J」方向的糗事，或許就不會產生「必須改變這個狀況！」的強烈意志。要是沒有因此發奮圖強，或許我這輩子都會覺得英文很棘手。

覺得自己所處的狀況「有點不妙」時，最好立刻研擬對策，改變作法。愈早修正軌道，傷害愈小。

要是放著不管，等到陷入真正悲慘的狀況才要想辦法改善的話，就會變得很困難，因此要愈早修正愈好。

將成功的方法寫入「我的劇本」

我有點三分鐘熱度，不太擅長每天一步一腳印地老實努力，比較喜歡一口氣全力以赴。所以國一的暑假，我整天都泡在英文裡，這也是一段非常快樂又有意義的回憶。結果我不但理解英文，也愛上英文，**失敗反而變成不是失敗的「成功體驗」**。

有時候拜失敗所賜，也會有一些收穫。藉由短期集中、投入精力來克服不拿手的事，也成了我擅長的作法。

高一時，我的數學又考出了慘不忍睹的分數。心想再這樣不妙，這次我決定利用春假徹底地學好數學，最後也成功了。

受到考砸的打擊同時，也是改變自己的契機。

成績不好的科目，就要練習到考好為止。考九十分的人，再怎麼努力也只能從九十分變成九十五分；但是，考三十分的人要是能考到七十分，就等於進步了四十分。

這種顯著成長的感覺很痛快，會讓人覺得「做得好！」愈是不擅長的科目，愈能享受到進步神速的快感。一旦建立起「挑戰——快感」的迴路，就會覺得很有趣，愈來愈樂在其中。

「設定期間，集中精神，全力以赴」這是我根據自己的經驗練就的心法，變成「我的劇本」。

要補救失敗時，各位會採取什麼樣的作法呢？**配合自己的個性，每個人**

都有擅長的作法。

這套作法奠基於過去成功的經驗；請回顧過去的成功體驗，試想「成功的祕訣在哪裡？」然後再明確地說出來。**這種作法將成為自己的風格，可以應用在各方面。**

我想補救什麼、想學習新東西的時候，都會採取「設定期間，集中精神，全力以赴」的作法。

只要有「這種作法比較適合我」的概念，就能對修正力產生自信，也能形成接住忐忑不安的安全網。

讓「不甘心」轉變為動力

什麼時候要讓自己發揮專注力、點燃內心的火種呢？舉例來說，不甘心很容易成為振作的燃料。

將棋選手藤井聰太（二〇〇二年～）八冠[6]的師父杉本昌隆（一九六八年～）八段認識他一輩子了，說他「小時候每次輸棋都會不甘心地抱著棋盤哇哇大哭」。

因為很想贏，輸了就會很不甘心，藤井先生從小就是這種人，**他的不甘心可以說是「想變得更強」的熱情原動力。**

「不甘心」本身其實是負面的情緒，用來形容對失敗抱著強烈挫敗感、屈辱感，心情無法平靜的狀態。對結果耿耿於懷，滿腦子都是憤怒、嫉妒或後悔，絕不是一件好事。

請不要這樣，要坦白地承認已經發生的現實，把無法平靜的心情轉向「以後」，就能產生前進的強大動力。因為屈辱或忿忿不平的心情，能夠成為振作的熱情。

不想一直感到不甘心的心情，或許也可以說是想「討回來」的心情，想必各位應該經常講出這句話吧？「討回來」原本是「報復、報仇」的意思，但是在體育的世界裡轉化成「再挑戰一次」的意思，經常用於想東山再起的時候；以不甘心為燃料，點燃內心的能量。

有能力「討回來」的人，才有成長的空間。

6 為日本的將棋頭銜：名人、龍王、王位、叡王、棋王、王將、棋聖、王座。

關鍵在於「進取的心」

以不理想的結果收場時，有些人不太會覺得不甘心。既不會感到不甘心，也不會過於消沉，甚至不覺得丟臉，只是平靜地說「嗯……也是會有這樣事啦」，並表現出事不關己的態度。

這種人對不理想的結果並沒有不滿，因此也不會想要補救、討回來，或是決定下次一定要交出漂亮的成績單。

內心不夠熱情，搞不好連內心的火種都熄滅了。內心冷淡的人，原本就不是認真地在做那件事。

因為要啟動認真的開關、從不甘心的情緒中湧出討回來的力量，都要靠心的熱情。

一旦心太冷漠，就不會產生想成長、想進步的欲望。心不夠熱情的人，或許是因為無法將「進步時、體驗到成功時所得到『挑戰——快感』的迴路」用來讓自己成長、進步。

如果產生「就是做不好嘛」或「再努力也是白費工夫吧」的心情，熱情的心就會逐漸冷卻退縮。只要對自己做的事產生質疑、陷入否定自我的情緒，就會白白消耗心的熱能，所以會覺得很累。

請停止因懷疑自己而消耗能量的惡性循環。

藉由發揮修正力，鍥而不捨地努力、下苦工，親身感受「只要努力就能辦到」，充分享受成功的結果所帶來的喜悅吧！

這麼一來，也能產生自信及自我肯定感。

我認為職業足球選手以歐洲聯賽為目標、棒球選手以美國大聯盟為目標，並不只是因為憧憬。即使在日本被視為一流選手，受盡吹捧，但是為了躋身於更高水準的環境、能面對更嚴苛的競爭，會想要挑戰看看，讓自己更上一層樓。

因為他們有積極進取的鬥志，想去到比現在更高的地方、想累積更多經驗、想磨練自己的能力，是基於自己的意志，刻意累積失敗經驗；因為只要能克服這個難關，自己就能變得更強大。

只要能甘之如飴地享受挑戰是「為了讓自己成長的空間」，那個人的心絕對會變得更堅強。

所謂的修正力，其實是靠自己讓人生變得更有趣的力量。

只要有最佳替代方案就不怕了

再為各位介紹一個修正力的祕訣，「ＢＡＴＮＡ」的思考模式。這是取自英文「Best Alternative to a Negotiated Agreement」的字首縮寫，意思是「無法以談判達成協議時的最佳替代方案」。

教會我這個概念的人，是專門進行國際性談判的律師。

談判前會事先設想萬一無法達成自己希望的協議時的各種替代方案，其中最佳的替代方案即為ＢＡＴＮＡ。事先準備好幾個無法如自己所願時可接受的備案，如此一來，就不必全面接受對自己不利的條件，可以將狀況引導至自己也能接受的結果。

簡單地說，就是事先研擬「就算那個不行、也還有這個備案」的策略。

不只在談判桌上，這也能應用在日常生活的心態上，當成修正力的技巧。

只要具備BATNA，即使結果無法盡如人意，也不至於太沮喪，不用陷入走投無路的絕境，讓內心保持平靜。

就像是在準備考試時，請不要只鎖定第一志願，認為自己「只有第一志願」。最好事先想好「這雖然是我的第一志願，但萬一考試失利，只考上第二志願，其實也有哪些好處」。

就算A不行，也還有B這個BATNA；就算B不行，也還有C這個BATNA。只要隨時準備好次佳選項，就不必陷入絕望。

強大的內心不是只有堅強而已，也要像這樣臨機應變地切換思考模式。

第三章

重點整理

1．修正力，是改變現實的技術。
2．要歡迎能提升經驗值的機會。
3．找出自己擅長的修正方法，這將會成為自信的源頭。

第四章

不要被「自卑」困住！

青少年的心裡充滿自卑感

「你現在有什麼煩惱？」問十幾歲的青少年，有相當高的比例都會回答：

「○○讓我覺得很自卑……」

「眼睛小讓我覺得很自卑，害我對自己沒有信心。」

「牙齒不整齊害我對嘴型很自卑，即使明明知道笑容很重要，我也不敢張大嘴巴笑。」

除此之外，還有「太胖、滿臉青春痘、自然鬈、長得太矮、長得太高」等等，各式各樣與長相有關的煩惱。

青少年在意的不只是長相與外表：

「我是運動白癡，上體育課非常痛苦。感覺自己不管做什麼都會被嘲笑、被當成傻瓜，都會給隊友添麻煩，所以我覺得很自卑。」

「聲音讓我自卑，因為經常有人說我『聲音好奇怪』或『好噁心』。」

不只自己覺得身上有「弱點、缺點」，當得知別人的眼光與評價也會讓人覺得很煩惱，甚至陷入憂鬱。

有些人的自卑感來自於身邊的人：

「兄弟姊妹太優秀了，不管做什麼都會被拿來比較，感覺非常不舒服。」

「好朋友非常受歡迎，我只是襯托他的配角。雖然我總是一臉不在乎地嬉皮笑臉，內心深處其實充滿了自卑感，情緒很低落。」

每個人都有千奇百怪的自卑感，為此煩惱不已。

我認為十幾歲的青少年時期，應該是人的一生中自卑感最嚴重的時期。

自卑感是什麼？

大家經常把自卑感掛在嘴邊，但自卑感到底是什麼？**那是從「與人比較」的意識中產生出來的東西；覺得自己「不如人」**，內心湧起焦躁不安的情緒，正式名稱為「自卑情結（inferiority complex）」。

一般而言，許多人都以為「自卑感＝認為自己不如人」，但「complex」這個單字其實並不是比別人差的意思，「inferiority」才是自卑的意思。

那麼 complex 是什麼意思？**「complex」在心理學上是指「錯綜複雜的**

心情」，意指各式各樣的心理要素全都混在一起，纏成一團亂麻，對思考及行動造成影響。

這種錯綜複雜的心情並非自卑感的產物，而是來自於內心百轉千折的狀況。因此在心理學、精神醫學的領域裡，存在著許許多多的「○○情結」，例如戀母情結（Oedipus complex、Mother complex）等等。

然而，日本早已習慣「自卑情結」的概念，動不動就把自卑情結說成「自卑感」，這可能是因為與許多人都有自卑情結；將 complex 稱為「自卑感」是日本人才有的慣用說法。

「青春期」是不成熟的代名詞

前面說到，十幾歲的青春期是人生中自卑情結最嚴重的時期，這是為什麼呢？因為青春期是很在乎受不受歡迎的時期，很在乎自己的外表討不討人喜歡。

小時候，我們都活在地球是以自己為中心旋轉的主觀世界裡，到了小學高年級才開始逐漸學會從客觀的角度審視自己，也因此開始在意起「別人怎麼看我」。

但是，還不習慣冷靜地客觀審視自己。

雖然會開始思考「何謂自己」，但所謂的「自己」尚未確立，因此對自己的認識經常搖擺不定、「自我」還不穩定。

因此，看到自己崇拜的人，就想變成那樣，希望自己能與對方同化。

但，這麼做很快就會碰壁；**很快就會察覺到，想變成那樣的「理想的自己」與「現實的自己」之間的差距。**

明明希望能有一雙水汪汪的大眼睛，但天生就是小眼睛，所以無法肯定這樣的自己；想告訴自己「那才不是我」，內心充滿矛盾。

又或者是希望笑起來能有整齊又潔白的牙齒，但自己的齒列歪七扭八；無法接受這樣的自己，這時內心也會充滿矛盾。

別人說的話也會變成對自己的評價，深植於腦中。

聽到「你又胖啦？」就會覺得自己真的胖了。

聽到「你的頭髮好亂啊！」就會在意起自己的自然鬈。

聽到「好遜！你連這個也不會嗎？」就會更加懊惱自己的運動神經怎麼那麼差。

變得討厭自己，無法產生有自尊的情感。

成為大學生後，開始有了理性的判斷力，不會再露骨地說出傷人的話，但如果是國中生或高中生，精神狀態還不夠成熟，許多人會不自覺地說出有口無心的話。

自己原本不在意的事，一旦從別人口中說出來，就會開始意識到「原來我是這種人啊」，有些人的自卑感便由此而生。

還沒有足夠的自信、自我肯定感來支撐現實的自己，就很容易受到外界的影響，這種不成熟的心態，其實是青春期的特徵。

身為一個大人，身為人生的前輩，我想告訴煩惱的各位：深受自卑情結所苦的時期，將在青春期來到最高潮。

現在讓你在意得不得了的事，一旦長大成人，就會覺得很多事情只是庸人自擾。

因為一旦長大成人，就會產生「面對現實的能力」，已經知道許多具體的因應之道，也知道該怎麼實踐；因為已經深入地了解自己，也知道「要怎麼愛自己」，開始懂得思考該怎麼做才能保護自己，所以就不會再為此感到煩惱了。

不過，每個人多多少少都有一點自卑感，有人即使長大成人也無法完全擺脫自卑情結，為什麼會產生這樣的差異呢？

重點在於要讓自己學會「別被自卑感困住」。

自卑感不能當成逃避的藉口

「自卑感與自卑情結是兩回事。」這是心理學家阿爾弗雷德・阿德勒（一八七〇～一九三七年）的想法。阿德勒從小就體弱多病，內心充滿自卑感，也因為有過這樣的孩提時代經驗，才對自卑感進行深入的研究。

阿德勒認為，只要人都會有自卑感，**「有自卑感絕對不是壞事，問題在於要怎麼處理自卑感」**。

我們在日常生活中，有許多跟別人比較的機會。例如五十公尺賽跑，當然會出現跑得快、跑得慢的差異。

「那個人跑得好快，自己很慢」，這是客觀的事實。認清事實，但一方面，人類是有感情的動物，跑得比較快會很高興，在賽跑時勝出也會讓人產生優越感。反之，跑太慢會不甘心，會覺得跑得不夠快的自己不如人，這就是自卑感。

人的一生會遇到各式各樣的狀況，時而充滿優越感，時而充滿自卑感。優越感讓人感覺愉悅，從而產生「想跑得更快一點」和「還想再贏」的心情，湧出想為此努力的意欲。

優越感將成為衝勁的原動力。

然而阿德勒認為，自卑感也能成為激發幹勁的原動力。

「不甘心！我也想跑得快一點！」

他認為這種起源於自卑感的情緒，將成為勇往直前的原動力，也就是「扳

回一城的能力」。

阿德勒還說：**「自卑情結是拿自卑感當藉口，逃避自己的課題。」**以跑得快不快為例，「我跑得很慢，所以不管做什麼肯定都會失敗」，有些人會想著「反正又會失敗」，這就是以跑得慢的自卑感為藉口，逃避進步。

拿自卑感當藉口，逃避自己的問題、自己該面對的課題，這種態度就是所謂的自卑情結。

自卑感應該反過來利用，讓這種情緒成為使現實生活中的自己變得更好的原動力。

阿德勒認為不該逃避自卑的感覺，以免在心裡留下疙瘩，變成心結。若是比不上做什麼都很優秀的兄弟姊妹，就以此為由，拒絕接受新的挑戰，什麼都不做也是一種逃避。要是置之不理，讓自卑感演變成自卑情結，就會耿耿於懷，一直走不出來。

彆扭與自我感覺良好，很容易失控

依照阿德勒的想法，可以把自卑感與自卑情結區分開來思考，就能夠單純得好好面對這些心結。

我認為自卑情結是「起源於自卑感，只著眼於特定的問題，過於在意的思考習慣」。

思考迴路就跟水流的「溝」一樣，只要流通過一次，之後就很容易再流經同一個地方。若三番四次流經同一個地方，那條溝就會不知不覺愈來愈深。

如同水流過的溝最後變成河流，思考迴路也會養成習慣。

如果是清淨的河水，會變成「好習慣」，可以繼續培養，但如果是不乾淨的水，就得趁早改變流向。一旦養成自卑情結的壞習慣，意識受到引導，就會流向本來不希望它流過去的方向。因此必須及早對應、修正軌道。

如果一直抱著自卑情結，就會產生扭曲的自我意識，這就是「彆扭」。

舉例來說，有人批評自己的時候，一般人可能不會放在心上，聽聽就算了，如果說到自己很在意、有自卑感的痛點上，就很容易受傷。因為言語如刀，會刺在已經有傷口的地方。

與其說是對方說話有問題，其實是因為自己太在意那件事，才會反應過度。萬一彆扭的心情變本加厲、覺得周圍的人都想傷害自己，啟動自我防衛機制後，反而會對別人採取無謂的攻擊態度。

自卑感與優越感，其實是一體兩面。不希望別人碰觸自己的自卑情結，有時候也會反過來想提升自己的優越感，以此為傲。

另外，**當自己處於強勢的立場、足以控制別人的立場，有時候也會以為自己已經擺脫自卑感，變得自以為是、瞧不起別人。**

霸凌或占地盤，也多半是基於自卑情結才會做出的行為。

提到有自卑情結的人，通常會聯想到內向老實的形象，一旦情結加劇變成彆扭的人，也很難與別人建立起穩定的關係。

因此不能讓自卑感變成自卑情結，也不能讓自卑情結變成彆扭的情緒，**必須了解與自卑感和平相處的方法。**

找到正確的範本相當重要，未來想跟自卑感和平相處、想戰勝這種情緒的人，不妨向已經成功地與自卑感和平相處的人取經，請教他們是怎麼找到方法的。

與自卑感和平相處的方法一：努力克服並超越

要如何與自卑感和平相處，第一個方法是要正視自己的課題，努力改善、克服。

人生在世，一定會遇到不如意的事情，即使是看在他人眼中沒有任何煩惱的人，本人內心可能有深不見底的創傷。

關於這點，就算是國王或總統也不例外。例如，有些人有「口吃」的症狀，無法流暢地說話，為此感到焦慮不已，而且檢查不出原因。一般認為，口吃的人會對說話感到強烈的不安，這是因為他們經常因此受到嘲笑或欺負。

克服口吃的英國國王——喬治六世

英國伊莉莎白女王（一九二六～二〇二二年）的父親喬治六世（一八九五～一九五二年），就有口吃的毛病。

電影《王者之聲：宣戰時刻》（*The King's Speech*）依實際發生的史實為基礎，描寫喬治六世面對口吃並加以克服的故事。

喬治六世原本非常內向，很怕在人前說話；繼承父親喬治五世登基為國王的哥哥愛德華八世，則非常長袖善舞，很擅於溝通，也深受國民愛戴；然而他愛上了已婚人士，揚言就算要放棄王位，也要過自己想過的生活，因此不到一年就退位了。

結果喬治六世等於是趕鴨子上架，不得不繼承王位。身為國王，必須以鏗鏘有力的話語傳遞訊息，這點令喬治六世感受到非常大的壓力，但也同時致力於改善口吃。

電影中的喬治六世看起來對於充滿王者風範、君臨天下的父親和八面玲瓏、自由奔放的哥哥懷抱著自卑感，再加上從小就有口吃的毛病，有太多足以產生自卑情結的情況了，但喬治六世仍在逆境中克服口吃的問題，大大方方地發表演說，成為誠實又善良的國王，受到民眾的愛戴。

靠自己的努力克服困難的經驗，能讓人變得堅強、讓人成長；從內心深處湧出「其來有自的信心」，會改變許多事情。

美國的拜登總統也會口吃

像喬治六世這樣為口吃煩惱、克服之後在社會上大放異彩的人，還有二〇二一年就任第四十六任美國總統的喬．拜登（一九四二年～），據說也是從小就有口吃的症狀。

就學期間曾發生過因為口吃被取綽號、全班要在朝會上輪流演講的時候唯獨跳過他的情況。

他在自傳中表示過，比起想說話卻無法順利發出聲音，只有自己沒機會講話這件事，更令他感到難堪與強烈的憤怒。為了克服口吃，他曾經面向鏡子，反覆發出聲音，練習讀詩。

基於自身克服口吃的經驗，拜登總統對飽受口吃所苦的人充滿溫情，曾說過以下這句話：

「朝著目標持之以恆地努力，不只能克服眼前的考驗，還能培養自己的能力與技術含量，好用來克服將來的考驗。」

若能改善、克服眼前的考驗，突破難關時將產生莫大的喜悅，藉此培養自信。事實上，收穫不止如此，還會得到「萬一人生中又遇到考驗、也能度過難關」的力量。而突破某個難關、有所成就的人，幾乎都能打破「更難突破的難關」。

有時候，困境也會帶來好運

與自卑感略有不同，也有人帶著生病、殘疾或是與生俱來就有的障礙，仍付出比別人多一倍的努力，而表現得有聲有色。

他們為何能有這麼堅強的心態呢？

將一手爛牌打成「好牌」的坂東玉三郎

歌舞伎的知名女角，同時也是舞蹈名家坂東玉三郎（一九五〇年～）被譽為人間國寶，是歌舞伎界的藝術大師，他的身形舞姿真的十分流暢優美，我也非常喜歡。

玉三郎先生在一歲半的時候得了小兒痲痺，不良於行。小兒痲痺是由小兒痲痺病毒引起肌肉運動障礙的疾病，好發於幼童時期，故稱為小兒痲痺。

右腳留下了後遺症，成為坂東玉三郎開始學日本舞的契機；選擇日本舞的原因，是他小時候聽到日本歌的唱片會隨音樂擺動身體，父母認為讓他做自己喜歡的事有助於復健。

於是他從三、四歲開始學習日本舞，澈底沉迷於舞蹈的魅力，六歲拜入第十四代歌舞伎演員守田勘彌先生門下。十四歲成為對方的養子，被賜予第五代坂東玉三郎的名號，在那之後以美麗的女角打開知名度，但他的舞台人生遇到了一連串的障礙。

由於小兒痲痺的後遺症，他的右腳比較短。日本舞的動作乍看之下不像其他舞蹈那麼激烈，但如果重心不夠穩，就跳不出優美的舞姿。為了保持平衡，需要付出非常多的努力。

玉三郎先生怎麼看待自己的障礙呢？他是這樣說的：

「我從小就體弱多病，拿到小兒麻痺這張爛牌，說是很不走運也不為過；但一想到是小兒麻痺帶我走上歌舞伎這條路，說是幸運也非常幸運。」

雖然不能改變事實，但是可以改變解讀的方法；能把自己拿到的「爛牌」解釋成幸運，才能產生努力的動力。

光是能找到自己真正願意傾注熱情的事物，就是一種幸運；我認為，那就會變成想繼續挑戰下去的能量。

也就是說，自己真正願意投入熱情的事項，說不定會帶我們找到其他的幸運。

羽生結弦選手爲了克服氣喘而開始溜冰

同樣的情況，也發生在花式滑冰選手羽生結弦（一九九四年～）身上。

羽生選手從小就有支氣管氣喘的老毛病，氣喘的症狀是一旦運動導致體溫上升，就會劇烈咳嗽，因此也有人認為應該避免運動，但羽生家認為如果能透過適度的運動提高心肺功能、培養基礎體力，就能鍛鍊出不容易發作的體質。

羽生選手有個姊姊，是姊姊先開始上溜冰教室；羽生選手原本只是陪姊姊練習，從四歲開始學溜冰。原本只是為了治好氣喘才開始學溜冰，沒想到與生俱來的天分逐漸開花結果，成為頂尖選手。

羽生選手說自己是從「在競速滑冰取得金牌的清水宏保（一九七四年～）選手」身上得到勇氣，而清水選手也是從小就有氣喘的宿疾。

羽生選手在十五歲時，終於有機會見到清水選手，他問對方：

「我也想得金牌，有氣喘也能拿金牌嗎？」

據說清水選手是這麼回答的：

「因為肺部比較沒力，練習時可能會比別人更吃力，但只要撐過去，就能與世界頂級的選手同台競技。」

這句話絕對帶給了羽生選手莫大的勇氣與希望吧！

我認為羽生選手具有高度的修正力，而他從小就必須與氣喘這項疾病交手，為了管理好自己的身體，深知臨機應變的重要性，臨機應變的能力絕對也造就了今天的他。

羽生選手在高中的時候，經歷了東日本大地震的震災。在克服生病、受傷、層出不窮的意外狀況等各式各樣的痛苦背後，是許多不為人知的努力，**因為累積了鼓勵別人、也被別人鼓勵的經驗，人才會變得更堅強。**

與自卑感和平相處的方法二：
讓自卑的弱點成為強項

要如何與自卑感和平相處，第二個方式是：**無法消除自卑感也沒關係，只要換個角度來面對就行了。**也就是改變看待自卑感的方法，即「轉換思維」。

反過來利用自卑感取得成功的奧黛麗．赫本

奧黛麗．赫本（一九二九～一九九三年）被日本影迷稱為「永遠的妖精」，是深受全世界影迷喜愛的女星。

即使物換星移，就算現在再回頭看《羅馬假期》、《第凡內早餐》和《窈窕淑女》等等電影中的倩影也不曾褪色，依舊充滿魅力。

據說，奧黛麗．赫本起初充滿了自卑情結。

原本想當芭蕾舞者，但一百七十公分的身高要當首席舞者（主角）太高了，只好放棄，轉戰女演員之路。然而，當時受歡迎的女星都是圓臉、嬌小、體型豐滿的性感形象。

奧黛莉．赫本的個子很高，身材纖瘦，完全沒有豐滿的女人味。輪廓有稜有角，顴骨很高，單以長相而言，要成為受歡迎的女星可能還有很長一段路要走。

所幸有編劇及電影導演看到她「與其他人不太一樣的地方」，於是找她擔綱《羅馬假期》的女主角。奧黛莉．赫本第一次主演好萊塢電影就拿下奧斯卡最佳女主角獎，全世界都被她迷得神魂顛倒。

奧黛莉．赫本的魅力在於主動表現出曾被評價為缺點的地方，並且讓那些缺點看起來很迷人，而非隱藏起來。奧黛莉．赫本將缺點變成優點，甚至有人說她改變了女性美麗和女人味的標準。**不是去迎合社會上的流行，而是充滿自信地表現出原本的自己，才那麼閃閃動人。**

流行會隨歲月流逝逐漸變得過時，然而至今仍有許多人愛著奧黛莉．赫本，正是因為她真誠地展現了個人的原始魅力。

大尺碼的魅力！世界級明星渡邊直美

最近在日本，也有人成功地將弱點變成強項，那就是正式在美國展開演藝活動的藝人——渡邊直美（一九八七年～）。

直美小姐也說過：「我曾經是很自卑的人。」高中沒有考上任何一所學校，不得不放棄升學，對學歷感到自卑。

由台灣籍的母親帶大，日文也不是很流利，加上對體型的自卑。沒想到，那胖胖的體型卻成了讓她大受歡迎的契機。

模仿自己最喜歡的碧昂絲，以精準到位的舞姿為賣點，打開知名度，**不斷磨練、累積「唯有自己才能表現的方法」**。穿著打扮五顏六色、明豔動人，讓胖胖的體型看起來很可愛，還有與穿著打扮相得益彰的髮型。

「因為胖胖的，所以不可愛？」直美小姐透過自己的現身說法，讓世人了解到才沒有這回事。

透過社群媒體獲得年輕世代絕佳的回響，渡邊直美開始受到全世界的好評，打開了全球化的市場。

弱點，正是能活化自己的「資源」

就像前面提到的例子，其實也有許多人將原本感到自卑的部分變成自己的性格或特色。

最近，配音員擠進了「想從事的職業」前段班。當今廣受歡迎的配音員中，也有人原本對自己太有特色的音色感到自卑。

但是，**藉由巧妙地善用「跟別人不太一樣＝不平凡」的地方，充分展現自己的個性和自我風格。**

在巴黎時裝週上大放異彩的模特兒們，身材都很高。「從國中就高人一等的身高曾經令自己很自卑」的人，有許多都成為了活躍於世界舞台的名模。

參加甄選時，美麗的標準也不只一個。想在國外的伸展台上大放異彩，但是亞洲人就算再怎麼羨慕深邃立體的五官、藍眼、金髮，再怎麼想變成這種長相的人，也無法如願。既然是亞洲人，就善用亞洲人的特徵，像是黑髮或炯炯有神的狹長鳳眼等等，這些西方人沒有的特徵，讓人留下深刻的印象。

「弱點」只不過是從某一面看到的價值觀。只要換個角度，看起來就會截然不同，因此不能受限於僵化的價值觀或是從僵化的角度看事情。

與眾不同的地方，是大大改變自己、讓自己異軍突起的要素，其實是你的資源。

前面提到過，愈是不懂的科目，只要認真學習就能進步，只要進步就有快感，只要嘗過進步的快感，進步的速度就會益發驚人。同樣地，尚未鍛鍊的能力因為還有很大的成長空間，更容易進入「挑戰——快感」的迴路。

請試著全神貫注地投入、成長。

這麼一來，你也會變得更有自信。只要善用自信，充分發揮自己的本色，就會產生強烈的自我肯定感。到了那一刻，你就無敵了。

與自卑感和平相處的方法三：找到內心的伙伴

要如何與自卑感和平相處，第三個方法是「找到內心的伙伴」。

「心的伙伴」能產生共鳴、帶來安全感

我從小就很矮，在學校整隊的時候總是排在最前面。我記得升上國中時的身高只有一百三十八公分。

可是我很少在意或煩惱自己不夠高，我本來就不是悲觀的人，再加上幸好我從小就熱愛閱讀，在書中找到「自己內心的伙伴」。

當我還是小學生的時候，就很喜歡看偉人傳記，看完拿破崙與豐臣秀吉的傳記深有同感，他們都很矮，也同樣是靠自己的才華從底層一路爬上來的人。

「身材矮小礙到誰了？就算個子不高，也能成為這樣的大人物！」我告訴自己，自顧自地從他們身上得到勇氣。

直到現在，被問到喜歡哪個足球選手，我的答案都是梅西、伊涅斯塔這些個子不高但球技精湛的選手，每當他們大顯身手，我都覺得與有榮焉。

即使在「現實的自己」與「理想的自己」的夾縫中感受到強烈的落差，**只要心裡住著一個與「現實的自己」有共通點的人，就能安慰自己「我不是一個人」**。

「這個人與自己具有相同的特徵，結果成為這麼了不起的人物」，這將成為鼓勵自己、支持自己的力量。**偉人也好，與自己活在同一個時代的人也**

可以，請試著找出與自己具有共通點的人，讓他變成「心的伙伴」。

歌曲也能變成有力的「心的伙伴」。

出過〈吵死啦〉這首暢銷單曲的歌手 Ado 小姐還唱過一首名叫〈閃閃發光〉的歌。裡頭有一句歌詞是「我的臉就像上帝用左手畫的」，說穿了，這首歌訴說著女生對自己的長相感到自卑。

雖然自卑，但也不用因此看輕自己，要接受不夠完美的自己，活得閃閃發光喔——這種感覺非常酷。

聽著 Ado 小姐充滿生命力的歌聲，便能湧出**「自卑算什麼，我才不在乎」**的力量，就連我聽了也能感覺得到力量。

當令人心有戚戚焉的歌詞配上美妙的旋律與節奏，一下子就被打中心裡。而且，喜歡的曲子自然百聽不厭，久而久之就會留在心裡，成為支撐自己的力量。

透過網路文化和社群媒體，可以比以前更容易得到這方面的資訊，能幫助我們順利找到「內心的伙伴」。

將不甘心轉化爲動力的柔道小將

阿部一二三（一九九七年～）是柔道男子組六十六公斤量級的選手，被譽為日本柔道的明日之星，但小學時代因為身材嬌小，團體比賽一次也沒贏過對戰的女選手。於是，化不甘心為動力，努力鍛鍊身體，才有今天的成果。

我在與連續三度榮獲奧運金牌的野村忠宏（一九七四年～）選手對談時，也聽過大同小異的故事。

野村選手出身自柔道世家，父母對自己充滿期待，但他少年時代也因為身材矮小輸給女選手。基於失敗的經驗，打定主意拚命鍛鍊過肩摔的技巧，立志要靠技巧打敗身材比自己高大的對手。

阿部選手說他很尊敬野村選手，或許是因為野村選手與自己同類型，把野村選手當成心的伙伴了。既是伙伴，也是自己崇拜的對象，但同時也想著有朝一日要刷新野村選手的紀錄。

即使是內心堅強的人，也有自己心的伙伴，從對方身上得到力量。

找出能給自己帶來信心的優勢

還有一個方法能與自卑感和平相處，**那就是在不會令自己感到自卑的領域中建立自信**。

舉例來說，跑得很慢也不會打球、對運動充滿自卑感的人，如果很喜歡打電動，或許就能在電競領域建立自信。

也有人雖然不會讀書，但是手很巧；若能念完國民義務教育，進入專科學校，踏上工匠職人的道路，或許就能開始活得神采奕奕。

只要是喜歡的事，就很容易進入「挑戰——快感」的迴路，再順勢進入

「自信——自我肯定感」的迴路。

只要能建立自信，就不會太在意其他自卑的部分，也不會因為自卑而裹足不前。

重點在於不要盲目追求自己沒有的東西，而是讓自己已經擁有的東西發光發熱。

第四章

重點整理

1．自卑來自於「理想的自己」與「現實的自己」之間的落差。

2．弱點其實是資源，只要好好運用就能開始發光發熱。

3．不要追求沒有的東西，好好打磨已有的東西！

第五章

放下「黑歷史」的方法

從不愉快的「黑歷史」記憶中重獲自由

「光是想起來就覺得好丟臉！」在眾人面前出的糗。

「當時我為什麼會那麼做呢……」令人悔不當初的事。

「那段時間一點好事也沒有，全都是傷心的往事。」想從人生中抹去的記憶。

任何人都有過這些稱之為「黑歷史」或「黑暗時代」的回憶。

即使加以封印、再也不願意想起，也無法完全從心中抹去。

總會在不經意的時刻突然湧上心頭，例如發生什麼意外、感到茫然無措時，就會想起來，然後覺得「唉，我到底什麼時候才能走出來。」

過去是「自己的地基」，再怎麼想抹去，也無法當作沒發生過。

黑歷史及黑暗時代的回憶，有時候也來自於根深蒂固的自卑情結。該怎麼做才能擺脫那些「不愉快的回憶」呢？明明想忘記、明明想從頭來過，到底該怎麼面對那些耿耿於懷的負面感情呢？

這就是本章要探討的重點。

中途退出社團的懊悔

高中時，中途退出社團活動是我的「黑歷史」。

我加入過網球社，為了學業在二年級的時候退社。我是社團的核心成員之一，因此覺得很愧疚，「要是這時候退出社團，可能會給其他社員添麻煩」，但模擬考的成績由不得我。

「再繼續從事社團活動，可能考不上想讀的大學；最好澈底放棄社團活動，專心讀書。」再三思考後，我決定退出社團。

在那之後，每當我看見昔日伙伴努力的身影，都會覺得無地自容。內心充滿負疚感，「是我放棄了社團、我是拋棄同伴的叛徒……」

滿心歉疚地退出曾經那麼喜歡的社團，專心準備考大學，結果還是落榜，當了一年重考生。

「早知如此，還不如在社團努力到最後一刻……」內心湧出源源不絕的後悔，高中時代的社團活動從此成為我不想提起的過去，成為非常苦澀的回憶。

然而，當我三十多歲，再次遇到高中時代、以前在網球社與我一起打雙打的朋友，他一臉懷念地對我說：「當時的雙打真是太棒了！齋藤。」起初我有點無言以對，因為我一直封印那段記憶，所以一時半刻想不起來。慢慢地，那段記憶才又浮現腦海。

我們的雙打並非只以獲勝為目的，而是以「要贏得漂亮」為目標，號稱要以主動出擊的態度，從對方手中拿下分數才算是打出「美麗的網球」。

「當時真是太快樂了。」

「對呀對呀。」

我已經忘得一乾二淨了，但確實很快樂，腦海中栩栩如生地浮現出我們高中時代閃閃發光的模樣。我認為「中途退社」是自己的污點，還以為伙伴們一定恨透了半途而廢的我，**所以就連社團發生過快樂的事、充實的回憶都被我當成沒發生過。**

那一刻，我領悟到一件事。

決定「這是黑歷史！」的人，其實是自己。

從此以後，我終於開始能主動提起高中時代社團活動的事，擺脫了多年的心魔。

黑歷史真的那麼黑暗嗎？

請大家也回想看看。

記憶其實會以偏頗的方式被保存下來。

即使認為是黑歷史、黑暗時代，也不見得全都是不開心的回憶，也有一些只是被自己塗黑的記憶。內心的回憶一旦受到某些意識的捆綁，就會變得偏頗。

就算都是一些不愉快的事，也不用全面否定當時的自己。

冷靜下來想想，還是有一些「好事」吧？即使是不堪回首的時代，也有某些值得肯定、還算開心、快樂的部分吧？

不要一竿子打翻所有的回憶，多去看那些「夾雜在壞事中的好事」。

記憶就像有深有淺的漸層，多去看那些淺色的部分。

例如，有人會說「我在國中時代、高中時代一個朋友也沒有」，問題是，在班上不可能完全不跟任何人交談吧？去學才藝或上補習班的時候，應該也有許多可以談天說地、切磋琢磨的伙伴吧？

或許沒有問過彼此「我們是朋友吧」，但是在相同的環境下一起學習的伙伴，也可以算是朋友吧！

除此之外，只要有在一起時很開心、能露出笑容、讓自己打起精神來的對象，不管對方是年紀差很多的人，還是動物，甚至是書裡的人物，其實都能算是朋友。從這個角度來思考，絕對沒有「完全交不到朋友」這回事。

「我也有心靈相通的朋友喔」，只要能這麼想，就不用全盤否定當時的自己；即使覺得「犯了一個好丟臉的錯」，會在意的通常也只有本人而已，其他人早就忘了。

而且視情況來說，有時候別人根本不覺得那是「丟臉的錯」。「是說那時候你勇敢地嘗試了，很猛耶！」你認為丟臉的錯，在別人的記憶裡說不定完全不是這麼回事。

一廂情願地認定「因為（有）這樣（的事），我超遜的」或「當時真是慘到不行」，正是導致自己耿耿於懷的原因。

是否太習慣順從「相同的標準」？

日本人習慣與他人「同質化」，因此很容易建立單一的價值觀，規定自己「必須這麼做」或「非這麼做不可」。

還會以這種價值標準跟別人比較，產生「自己做不好、很沒用」的感覺，因此很容易動不動就產生自卑感。

實際上，各位在日常生活中，是否也經常發生感覺大家都一樣、配合身邊的人過日子的狀況？

一旦處於總是以相同的標準跟別人比較的環境中，以上的狀況就會變得理所當然，如果不這樣反而會覺得不安。

人很容易試圖把自己塞進單一的價值標準中，所以要小心。

「身邊的人都開始玩新的社群媒體，我也得跟上才行。」如果明明沒有特別想說的話，卻受制於這種想法而開始跟流行，遲早會嘗到苦頭。

因為想跟別人一樣，萬一出現差異、進行得不順利，就會為此煩惱不已。即使大家都在做同一件事，只要不適合自己、認為沒必要就不要做，不需要逼自己從中找出價值。

有個電視節目是請生活在日本的外國人出鏡，介紹各國不同的國情。這個節目告訴我們「美醜的標準」、「受歡迎的標準」、「體貼的標準」，依文化及國情而異，**世界上其實有各式各樣的價值觀。**

「咦？在日本雖然不受歡迎，但是如果去那個國家可能會很搶手，為自己的外表耿耿於懷簡直蠢斃了……」心情就會因此而豁然開朗。

只要明白單用一種價值觀與別人比較一點意義也沒有，就不會被「跟別人不一樣很奇怪」或「非這樣不可」的僵化思考給困住了。

基本上，自以為是失敗的事也不全然是失敗，只是因為價值觀不同而已。

只要能切身感受到「其實有各式各樣的價值觀」，就能擺脫單方面看事情的角度。

曾經去科威特留學的學生說：

「科威特有非常多人種，宗教、文化也千奇百怪，所以想法真的非常不同。各自的價值標準天差地別，無法比較。

我去科威特的時候，被這樣的環境嚇了一跳，回到日本，反而覺得堅持只有一種價值觀的日本人才奇怪。」

知道有不同的世界後，理解的方法也不一樣。

當今這個時代，不被一種價值觀綁住非常重要，因為全世界都很重視「接受價值觀的多樣性」。

「大家不一樣是很正常的事，要接受所有的價值觀。」

現在，這種心態非常必要。

價值觀會不斷變化

還有一點希望大家都能記住，那就是即使某個時期覺得自己欠缺某種「非常有價值」的資質，因而產生自卑情結，也要牢記那個讓你自卑的價值觀不會永遠持續下去。

舉個淺顯易懂的例子，「跑得快」只有小時候特別重要。小學生的時候，跑得快的人特別受歡迎，甚至讓人覺得「跑得快不快，是關乎本身價值的要素」。

然而升上國中後，跑得快不快就沒變得那麼重要了。一旦成為高中生，只有參加田徑隊或運動社團的人才關心跑得快不快，其他人根本不在乎。

當我們變成大學生，別說跑得快不快，幾乎沒有人會再討論運動神經好不好了。進入社會後，要求的是工作速度，而不是跑步的速度。

讓人感覺充滿價值的東西，會隨著年齡增長不斷改變，也會隨著流行瞬息萬變。

國、高中生很重視眉毛的粗細、瀏海的髮型，但「這樣很好看」也只不過是一時的流行。

制服的裙子長度、長褲的腰部有幾折也一樣，過了二十年再回頭看以前的照片，甚至會覺得「當時怎麼會覺得這樣很好看呢」。

即使當時覺得非常重要，一旦有了新的流行，自己的心情也會隨之改變。

江戶時代到明治時代，在過去被認為是價值觀劇烈變動的重要時期。

現在再回頭看，武士的髮髻其實是非常詭異的髮型，但當時大家是真的打從心底覺得武士的髮髻非常帥氣。

最近因為一萬圓日幣新鈔上的肖像，以及拍成大河劇而成為鎂光燈焦點的澀澤榮一（一八四〇～一九三一年）是第一個斷髮的人。

慶應三年（一八六七）時，德川慶喜將軍派自己的弟弟德川昭武參加在巴黎舉行的萬國博覽會，澀澤榮一是當時一起去歐洲的隨行員之一。他在巴黎剪掉髮髻，換穿西服，還拍下照片、得意地寄給妻子。

不料妻子看到他剪掉髮髻的樣子，大嘆「太不像話了」，還說：「真教人看不下去，請務必恢復原來的模樣，為什麼只有你把自己搞成這樣呢？太令我心痛了。」

認為什麼東西「帥氣」、以什麼樣的姿態為榮，依各地的文化而異。這也可以證明人的感受會隨時代演進而異，價值觀和價值標準隨時都在改變。

評價的標準不只一個

你也能靠自己有意識地改變評價的標準，鈴木一朗就是箇中翹楚。

鈴木一朗的打擊率也很出色，但他認為，「比起打擊率，想把重點放在安打數上」。

如果在意打擊率，就是把價值標準放在「提升打擊率」上，自然是別被三振比較好，不要揮棒更好。說得誇張點，倘若今天狀況不好，乾脆別上場冒險，結果就變成不要積極地挑戰還比較安全。

鈴木一朗認為，安打數比打擊率更重要。為了擊出更多安打，比賽時就必須隨時充滿挑戰精神。打從一開始就積極地揮棒，採取攻勢，再以一整年能擊出幾支安打作為自己的評價標準。

連續十年球季在大聯盟打出兩百支安打，還創下一年內打出兩百六十二支安打、刷新了百年來的紀錄，可以說是前無古人。

我認為鈴木一朗的厲害之處，是能留意到一般人過去從未注意到的地方，將其設定為對自己的評價標準，用來激發自我的士氣。

如同價值觀因人而異，「評價」也不會只有一個標準。

曾經在歐洲足球聯賽大放異彩，如今已然經退休的內田篤人（一九八八年～）先生曾說過令我印象深刻的話。

「技巧純熟是選手的要素之一，但也只是要素之一。」

「日本人很容易流於『因為技巧純熟才能大放異彩』的迷思，但其實沒有這回事。」

內田先生擁有在歐洲大顯身手的經驗，卻說技巧純熟只是其中一個評價標準，除此之外還有速度、力道等等，至少還有五、六個評價標準，必須擁有綜合性的實力成就身為選手的「厚度」，才能在比賽中脫穎而出。

在日本聽到「技巧純熟」這句話，通常會覺得是最高級的讚美。但只要想通「技巧純熟」只不過是評價的標準之一，評價的標準就會變得更自由、更寬廣。

想法因人而異

我們很容易產生「比不上技巧純熟的人」這種想法，然而，只要想通「技巧純熟」只不過是評價的標準之一，「技巧不夠純熟」的人也能找到活路。

以畫畫為例，畫得好不好一目瞭然，因此畫得不好的人很容易變得不喜歡畫畫；可是也有畫得不好，但充滿魅力的作品。

「雖然畫得不好，但是在色彩的運用上具有獨特的品味，莫名地吸引人呢！」

得到這種評語的人，只要把對色彩的敏銳度視為對自己的評價就好了。

「我沒有描繪的技術，但大家都說我對色彩的敏銳度跟夏卡爾一樣。」這麼一來，就不會再覺得畫畫是一件苦差事了。不只如此，還能產生自信。

我也實踐了上述這點。

有機會與畢業生一起唱KTV時，大家都唱得好好，輕輕鬆鬆就拿下八十分、九十分。我就算覺得自己唱得還不錯，也只有六十分。

但是有一次，我注意到一件事。我的綜合分數雖然不高，但是在分成音準、節奏等個別計分的標準中，唯有「音調」這點我得了高分。如果從綜合的角度評比，我肯定贏不了其他人，所以我說：「我是音調之神，來比音調吧！」

從此以後，不管唱什麼歌，我都把重點放在唯有音調一定要拿高分這件事上。「唯有音調不輸給任何人。」因為敢抬頭挺胸地這麼說，從此也不再排斥去唱KTV了。

哪怕是缺乏自信的事情，只要能從中找出哪裡表現得比較好、值得肯定的地方，就不會再覺得棘手或產生自卑情結。

找出在那個場合、那個情況下，自己做了什麼值得肯定的事，並且多多益善。

所謂幸福，就是讓自己過得舒服。擁有各式各樣的價值標準，就能增加讓自己過得舒服的狀態。

肯定自己，是從「相信自己」開始

即使是沒有自信的事，也要從中找出「優點」，這是培養正向思考最大的訣竅。

在前文說過，我從未在意或煩惱自己太矮的事，那是因為我從小就擁有肯定自己的能力。即使因為身材矮小曾留下不愉快的回憶，但還是從中發現自己擅長兒童相撲的優點，因此能以「個子雖小也能在相撲中勝出」做為自己內心的後盾。

我也經常思考身材嬌小的好處，例如身手很靈活。個子嬌小就是不會擋路，無論是在電車上，還是在擁擠的電梯裡都不太占空間，我敢抬頭挺胸地說：這是我對世人的貢獻。

個子小，所以腿也比較短，但是在我六十年的生涯中，從未因此感到困擾。

如果是努力就能改變的事，努力才有價值，但身高或腳的長度是天生的，再努力也改變不了。還有，我的眼睛也很小，因此灰塵不容易跑進去，真是太幸運了。

煩惱那些即便努力也改變不了什麼的事情，只是在浪費時間。只要想通這點，心情就會變得很輕鬆。

所謂自我肯定感，是從正面的角度接受自己擁有的東西，從相信自己培養出來的力量。

別在意周圍的眼光，要相信自己。愛跟人比較，對勝負、優劣耿耿於懷的話，就會逐漸失去自我。

比別人「優秀」一點固然可喜，但人外有人、天外有天。與人比較只會陷入無限競爭的迴圈，終其一生都無法得到平靜、安穩的心。

只要找出自己的優點，就能找回開朗的心情，也能變得笑口常開。只要能以開朗的心情找回自信，也會產生行動力，各方面都會自然而然地變得更好。

找到優點，專注於表現自己的優點，將優點發揚光大，善加利用。希望大家都能藉此增加自信、提升肯定自我的能力。

世上沒有無法挽回的事

選擇大學要讀哪個科系時，我的第一志願是法律系，因為我想當法官。然而考上法律系後，我開始產生了「自己真的適合當法官嗎？」的疑問。

研究過去的判例、思考要怎麼解釋法律的工作，真的適合我嗎？直到上了大學才發現，自己其實比較喜歡「找出以前沒有人注意到的新觀點或連結」。

選擇科系時，是自己覺得法律系比較好，自己決定要念法律系，所以想再多也沒用；**於是，我開始思考接下來可以做些什麼。**

我決定先從法律系畢業，再進研究所重新學習教育學。

與將來有關的選擇，當然是不要做錯決定比較好，但有些事還是得踏上那條路才會知道。「當時為什麼會選擇這條路呢？」後悔也無濟於事，因為在人生的每個階段，我們總以為自己做的判斷是當時的最佳解方。

既然是深思熟慮之後才做的決定，就不要後悔。萬一覺得「不對喔」，隨時都可以修正軌道；意識到錯誤，改過來就好了。

有人是考上大學才決定要轉系，也有人像我這樣，選擇去念不同領域的研究所。

就算出了社會也不遲，有人經濟系畢業後，邊上班邊利用早晨的時間去咖啡店苦讀，後來通過司法考試，成為法律的專家。也有人工作了一段時間，年過三十歲才突然起心動念，立志成為醫生，重新從醫學系念起，最後當了醫生。

只要有心，條條大路通羅馬，世上沒有無法挽回的事。

現在的辛苦，在未來終究會成為過去

以我為例，大學畢業後過了一段苦日子，說是陷入黑暗時代也不為過。

考上研究所，開始研究教育學是一回事，但是我寫的論文完全得不到教授的青睞。現在再回頭看，不難發現當時寫的都是些一廂情願的內容，但當時的我一直認為是老師的理解力有問題，覺得「為什麼教授都不理解我」。這其實是我的錯，但當時並沒有察覺到問題所在。

一般的碩士課程基本上只需要兩年就能念完，但我因為論文一直過不了教授那一關，所以念了三年；博士課程通常也是三年左右畢業，但我念了五年，所以光是研究所，我就讀了八年。

因此年滿三十歲、卻還是學生身分，那段期間也結了婚、有了家庭，為了生活打過各種工，但直到三十三歲前都一直還沒有固定工作。

老實說，我覺得自己二十到三十歲的人生都失敗了。在東大畢業的人當中，我想也算是非常罕見的特例。

雖說是黑暗時代，但畢竟結婚、生了孩子，也有非常多幸福的回憶，只是完全得不到社會的正面評價就是了。大學畢業後直接出社會的朋友都工作得有聲有色、混得風生水起，在社會上交出漂亮的成績單。想到這點，當時還混不出個名堂的我自然是恨得牙癢癢，感到非常痛苦。

三十三歲的時候，我在明治大學得到一份教學的穩定工作，後來又得到出書的機會。現在的我是這麼想：

「或許可以活得更一帆風順，但這種人生也不壞。」

因為有二十到三十歲那段蟄伏的期間，我才能夠幾乎每天都花上十四個小時做自己喜歡的研究。東大的校門每晚十點、十一點會關閉，從校門口旁邊翻牆回家的往事，到如今也變得好令人懷念。

我覺得是那段時間造就了現在的我，因此我能為二十多歲時經歷驚濤駭浪的自己打高分，那才不是什麼「黑暗」時代；是日積月累的時間造就現在的我，現在所做的一切，都是以當時累積的東西為燃料。

我可以非常肯定地說：「我不會假裝那段時間沒發生過。」

過去是「自己的地基」，現在的自己建立在過去的地基上。不管過去的自己有多失敗、多愚蠢，全部加起來才是現在的自己。

「二十年後、三十年後的自己，能肯定現在的自己嗎？」從這個角度來思考，在每個當下全力以赴。

這樣的態度能將我們帶到自我肯定的道路上，這是我自己的切身經驗。

第五章

重點整理

1．把過去塗黑的人，其實是自己。

2．不要執著於單一的價值觀，讓自己擁有許多價值標準。

3．當心態變得柔軟有彈性，就能肯定各種不同的自己。

第六章

不管跌倒幾次，
都能
重新振作

打造百折不撓的自己

看到這裡，各位應該都已經明白我想表達「不屈不撓的心」是怎麼一回事吧？

不是無奈地認為失敗、丟臉、受傷是「沒辦法的事」，**而是就算挑戰失利，也不要輕易地一蹶不振，必須擁有「從挑戰失利的狀況重新站起來，面帶笑容前進的心態」**。

為了擁有「跌倒再多次都能再站起來＝重新振作」的心態，說是要有百折不撓的能力也不為過。

性格敏感，很容易受傷的人愈來愈多，這是高敏感人的人格特質之一。我的建議是小心翼翼地呵護自己纖細的感受性，將其化為自己的特色。

只不過，希望各位不要陷入這樣的思考迴路，「我很敏感，無法承受這麼困難的事」，但是「敏感」與「無法承受困難」，並沒有直接的因果關係。

以敏感為由，逃避面對困難其實是想法的偏好，擁有敏感的性格並不會妨礙我們面對困難。

「很容易受傷，因此不想去做會讓自己受傷的事」，這也是逃避式的思考慣性。

曾經有過各式各樣受傷的苦澀經驗後，真心想改變自己的人就會開始思考「受傷時該怎麼辦才好」。受傷源自於與他人的關係，即使事先想過「該怎麼做才不會受傷」，別人也可能說出超乎自己想像的話、做出超乎自己想像的舉動。因此，即使想破頭，也想不出「完全不受傷的方法」。

重點在於如何轉念，「受傷了……接下來該怎麼辦才好？」

人生在世，一定會發生預料之外的狀況、設想不到的意外；一定會遭遇自己無能為力的事、只能用不合理來形容的困境及苦難。舉例來說，Covid-19疫情造成生活的變化、社會重大的變化等等，都是自己無能為力的事。

只要活在世上，就會發生像是受傷及生病、運氣好壞……等，各式各樣的狀況。這與心態強大與否、容不容易受傷無關，一旦遇到就是遇到了。

這時的關鍵在於能否不屈不撓地往前走，能往前走的人，很快就會輕鬆起來，較容易過得愜意。

一旦受到挫折就輕易放棄的話，等於是自己關上通往未來的門，將變得更難以生存。因為這關係到活下去的能力，所以希望大家都能培養百折不撓的能力。

即使關在容易受傷的殼裡，對自己也沒有任何好處。無論是天生敏感、很容易受傷的人，還是在人生旅途中跌得鼻青臉腫的人，希望各位之後都能說出這樣的話：

「我很敏感……但那又怎樣，我才不會因此沮喪！」

「我很容易受傷，但這點小事才傷不了我。」

「受到挫折了，不過，我又要開始往前走了。」

逆風才能高飛！

小學的時候，學校舉辦放風箏大賽，因此我經常在河堤練習放風箏。各位知道放風箏的訣竅嗎？

逆風時，才是風箏能飛得更高的時候。

放風箏的技巧，在於善用空氣將風箏由下往上推送的「升力」；重點就是讓風箏順利地逆風高飛。

事實上，逆風也對滑雪的跳台競技很有利。

一般人可能以為順風才能跳得更遠，但逆風高飛可藉由浮力延緩落下的時間，跳出更遠的距離。

飛機離地、著陸時，也會選擇逆風的方向，這是為了得到更有效率的升力，也是最安全的方法。

因此還有一句這樣的格言：

「陷入逆境時請記得，

飛機是逆著風起飛，

而不是被順風推著走。」

通常大家都認為，逆風或逆境是不好的東西，但我們其實常常需要逆風（＝逆境），除了風箏或飛機外，懸掛式滑翔翼或飛行傘、帆船、汽艇……所有需要利用風力前進的東西都是如此。

意識到這一點後，各位看待逆風或逆境的方法和角度，是否也改變了？

改變思考的偏好

有森裕子（一九六六年～）是連續兩屆在奧林匹克運動會拿下獎牌的女子馬拉松選手（巴塞隆納奧運榮獲銀牌、亞特蘭大奧運榮獲銅牌）。

她說是培養出許多中、長跑選手的小出義雄（一九三九～二〇一九年）教練說過的一句話改變了自己。

「不要去想『為什麼會受傷』，而是思考『既然都受傷了』，所有發生的事都有意義。」

硬要說的話，有森小姐屬於負面思考的人，聽完小出教練這席話，養成正面思考的習慣，很快就走出低潮。

思考的偏好可以透過思考的練習來改變，可以練習刻意從積極正面的角度來重新思考。

著眼於過去，就會很在意「怎麼會變成這樣？」與「為什麼（Why）」。只要能開始思考「既然都這樣了」，就能放眼未來「那麼，接下來該怎麼做才好（How）」。積極正面的想法，就是往未來的發展去思考。

「這件事對我來說很幸運」，能從這個角度面對問題，也是正向思考的訣竅。認為這件事很開心、值得感恩、受到鼓舞……等對自己有益的事。

舉例來說，我們大多認為發生 Covid-19 疫情是一件壞事，但也因此重新意識到「拜學校採遠端上課所賜，發現用電腦上網的樂趣，可以在網路上跟朋友見面，想做什麼都是我的自由」，如果能這麼想，一定能比以前更積極地研究電腦或交朋友。

一旦意識到這點，就能從中找到樂趣。

實際嘗試後就會明白，**只要能從積極正面的角度看事情，就能減少壓力**；習慣負面思考的人，應該會發現內心經常充滿不必要的憂慮與不安。

只要能從不同的角度看事情，就會有許多新發現。不只能看見自己的優點，還會發現別人的優點，對溝通也很有幫助。

不要一心想變堅強，而是增加「平靜安穩」的時間

人類若一心想著非變強不可或非努力不可，無論如何都會用力過猛。而且非這麼做不可的想法會將自己五花大綁，所以不需要勉強自己變堅強。

那麼，該怎麼做才好呢？關鍵字在於「平靜安穩」。

若想得到真正的堅強，重點在於不要流於感情用事，而是讓內心保持平靜安穩。

這麼一來，不只能建立積極正面的思考，也能減少日常生活中心情處於

消極的狀態，而減少被不安及恐懼、憤怒、嫉妒等負面情緒綁架的時間。

光是能增加心情平靜安穩的時間，就能減輕壓力，也能豁達地看待世間萬物。只要改變看事情的角度，該如何因應的想法及行動也會隨之改變。

調適心情不只是調整心態，從思考及行動雙管齊下更有效率。

不是「因為沒有不開心的事，心情自然能保持平靜安穩」，而是「因為平靜安穩，才不會發生不開心的事」。

我規定自己，就算失敗、就算發生不開心的事、就算陷入消極負面的情緒，也不能把情緒帶到隔天。要是把不開心的情緒帶到第二天，就會以不開心的情緒揭開一天的序幕，從早就悶悶不樂，因此一定要今日事今日畢。

「不要留下內心的負債」，下定決心後，每天都要這麼做；為此，不妨試著養成各種能讓自己保持好心情的小習慣。

養成「讓自己保持好心情」的習慣

有些東西能幫助我們消除壞心情，**最簡單的方法就是吃能讓自己開心的食物**。我只要吃到烤肉、壽喜燒、鰻魚等食物，當天不愉快的心情就會煙消雲散。

TBS的安住紳一郎（一九七三年〜）主播是我的學生，大學時代上過我的課，他說自己每次被惡毒的言語中傷時，都會吃豬排咖哩飯來打起精神，因此他會暗示自己：

「只要還能吃到豬排咖哩飯，就沒問題。」

「已經吃過豬排咖哩飯了，打起精神來。」

我也建議找個與日常生活分開的「另一個世界」，在那裡度過精華的時間。

我喜歡看運動比賽，如果有我喜歡的運動賽事轉播，會一直接連著看下去；也曾經連續看兩、三場電影，或是觀賞自己喜歡的歌手演唱會影片也不錯呢！

重點在於充分地沉浸在與現實無關的世界裡，「另一個世界」能讓人遠離不開心的事。

「流淚」或「流汗」，對於擺脫不愉快的情緒也很有效。看到令人感動的電影或舞台劇，不禁潸然淚下；但是哭過後，感覺神清氣爽。

又或者是運動、跳舞，讓自己流汗。我經常去洗三溫暖，大量排汗，再沖澡洗去汗水。先去三溫暖，讓自己神清氣爽，再去吃烤肉後，絕大部分的煩心事都會變得「算了，無所謂」。

擁有能讓自己轉換心情的話語，即「切換的開關」也很重要。

對我而言，「算了，無所謂」就是其中之一。遇到不合理的事，發生令人耿耿於懷的事，我都會刻意發出聲音說：「算了，無所謂，又不會死。」如此一來就會覺得「這種事不值得放在心上」，也會刻意把「那又怎樣」這句話掛在嘴邊：

「失敗了……那又怎樣。飯還是很好吃，吃完飯就沒事了。」

「那句話真是氣死人……那又怎樣。能以笑容回應的自己真是太了不起了！」

沒有人讚美自己又何妨，不如自己讚美自己，讓自己打起精神來。

「那又怎樣，誰也別想破壞我的好心情」，也是這種情況下應運而生的句子。「外面下著好大的雨，心情也濕答答，那又怎樣，誰也別想破壞我的好心情！」看著鏡子，對自己說，表情便能不再憂鬱。

不確定情況什麼時候才會好轉，心情跌落谷底時，以下這些話能支撐我們的心靈：

「天一定會亮。」

「雨遲早會停。」

「隧道一定有出口。」

請發出聲音說出來，當言語以「聲音」的方式傳入我們的耳朵裡，更能打動我們的心。

從克服挫折及苦難的故事中找到勇氣

透過克服挫折及苦難的故事，會讓人覺得內心有很多援軍。

我常說：**「透過閱讀，在心裡種植一片『他人的森林』，找到內心的援軍。」**不只讀書，還有很多不同的方式能接觸到「他人的森林」，或許就能從中找出讓自己產生共鳴、願意站在自己這邊、能成為心靈導師的人。

肯德基爺爺「百折不撓的能力」

肯德基爺爺身為肯德基炸雞的門面，可以說是無人不知、無人不曉，肯德基爺爺的原型其實是創始人桑德斯上校（一八九〇～一九八〇年）。總之，只要提到百折不撓的人，我都會想到肯德基爺爺。因為桑德斯居然是六十五歲以後，才開始經營炸雞店的連鎖加盟事業。

他在年輕時做過許多工作，據說有超過四十種職場上的經驗。以前也開過以炸雞聞名的餐廳，可惜運氣不好，經營不善，不得不把店轉讓給別人。於是他靈機一動，乾脆把自己店裡熱賣的炸雞作法傳授給別人，藉此與連鎖店簽約。

但是他拜訪了許多知名連鎖店都被拒絕，聽說吃了快一千次閉門羹。儘管如此，他仍不放棄，就算被拒絕，仍繼續兢兢業業地推銷自己的食譜，到了七十三歲，終於讓肯德基成長為全美擁有六百家店的大型速食連鎖店，還將事業版圖拓展到世界各地。

即使受到很多挫折，只要別中途放棄，就不算失敗。為了不讓自己一蹶不振，就得保持積極進取的心情，勇往直前。

這正是最典型的例子。

林肯總統也擁有百折不撓的能力

因為發表解放奴隸宣言、被譽為美利堅合眾國史上最偉大總統的亞伯拉罕・林肯（一八〇九～一八六五年），是美國的第十六任總統。

他幾乎沒有受過學校教育，努力靠自學闖出一番名堂，實現了所謂的「美國夢」，但是林肯總統的一生中也發生過許許多多不如人意的事。

自從二十歲左右開始競選州議員、下議員、上議員，全都落選，前前後後總共落選了八次。不只如此，也曾錯失良機而沒當上副總統。

但如果因為落選而一蹶不振，後來就無法成為總統。這麼一來也不會創造出「人民是由人民組成，政治是為了服務人民」的名言，更無法預測美國解放黑奴的歷史會如何演變。

而他在私生活也經歷過事業失敗、內心生病的時期。原本有四個兒子，其中三個都早夭，經歷了一連串的磨難、遭遇過無數次令人身心俱疲的挫敗。

儘管如此，他仍不屈不撓，無論跌倒多少次，都會重新再站起來。

正因為有這樣的經歷，才能說出**「成功就是永遠懷抱熱情，不斷經歷失敗」**的格言。

諾貝爾獎是雪恥的結果？

舉世聞名的獎項，來自於贖罪的心情

瑞典出身的阿爾弗雷德・諾貝爾（一八三三～一八九六年），在「人生重新來過」這點算是非常特殊的例子。

身為化學家，諾貝爾有許多發明，炸藥是其中最大的發明。諾貝爾研究如何安全地搬運製造火藥的原料硝化甘油，開發出劃時代的方法，製造出爆發力十足的炸藥。他同時也是成功的企業家，販賣自己經手的發明、開發的產品。

只不過萬萬沒想到，他原本想用於土木工程而開發的炸藥卻被用在戰爭上。需求因此爆增，讓他變成億萬富翁的同時，也因為發明出奪走人命的武器，被冠上「死亡商人」的稱號。

一般認為諾貝爾不可能完全沒預料到炸藥會變成武器。不過，據說他的想法是，既然炸藥具有高出傳統兵器好幾倍的破壞力，應該能用來防止戰爭發生。

可惜他的想法太樂觀，這樣的想法自然是落空了。自己的發明反而助長了戰爭的悲慘程度，苦惱的諾貝爾希望自己龐大的財產能對人類的未來做出一點貢獻。因此，諾貝爾成立諾貝爾獎，用來鼓勵在物理學、化學、生理學、醫學、文學、和平等等，在各個領域能為人類帶來幸福的人。

換句話說，諾貝爾獎其實是為了「彌補」才誕生的獎項。

諾貝爾的發明失敗了嗎？我不這麼認為。就算諾貝爾沒有發明炸藥，遲早也會由其他人發明出來；自己的發明被用在完全違反自己意願的地方，並非諾貝爾能控制的事。

即便如此，他仍藉由將自己透過發明得到的財產，分配給對人類的幸福有貢獻之人，在死後一雪前恥，就能重新來過，這樣不是很偉大嗎？

只要是人，都會犯錯。正因為如此，誠心地思考「接下來該怎麼辦？」才顯得格外重要。

從支持的運動選手身上得到「戰鬥精神」的激勵

希望各位知道度過難關的故事，不只是歷史偉人們的故事，也可以從目前與我們生活在同一個時代、努力拚搏的運動選手身上得到許多鼓勵。

一流的運動選手不只強大，生存之道也很酷。

克服重病、努力回到第一線的池江璃花子

得知足以代表日本游泳界的王牌選手——池江璃花子（二〇〇〇年～）罹患白血病這麼嚴重的病時，想必大家都很驚訝吧！看到她承受著過完今天

不確定還有沒有明天的強烈不安，仍勇敢面對痛苦的治療，努力復出的身影，一定有許多人比以前更想支持她。

池江選手在接受雜誌訪談時，曾經說過以下的話：

「只要想到若能熬過這個難關，自己一定能變得更強，就想要克服這場病，迎接更強的自己。

感到痛苦時，我會邊訓練邊告訴自己，因為有過這樣的經驗，下次一定能撐過去。」

當然不可能永遠都這麼堅強，這麼積極正向。即便如此，過去跨過的那些難關都將成為戰勝病魔的力氣，沒有輸給病魔的事實，亦將成為東山再起的原動力，**是那些「度過難關的經驗」在支撐著自己**。

內心深處永遠點燃著熱情之火，或許也是池江璃花子的活力來源之一。

池江選手說，自己即使是在對抗病魔的過程中，也有著「無論發生什麼事、都要繼續游泳」的決心。

內心點燃熱情之火會讓人變得更堅強，倘若內心有「是為了做這件事而活！」的強烈意念，就會產生出想打倒病魔的強烈意志。

當然，實際治療疾病還需要借助醫學的力量，但一個人的意志力可以幫助自己克服治療過程中各種痛不欲生的狀況。只要有強烈的意志，就能湧出生命力。

只要有夢想、目標、信念、使命感，活下去的原動力就會愈發強烈。

各位，燃燒心靈吧！

「燃燒心靈。」受到《鬼滅之刃》（吾峠呼世晴，中譯本由東立出版）大賣的影響，這句話大為流行。「燃燒心靈」是煉獄杏壽郎的台詞：

「無論自己的軟弱與不中用，再怎麼狠狠地打擊你，
都要燃燒自己的心靈，
咬緊牙關，勇往直前。」

煉獄先生留下的這句話「燃燒心靈」烙印在主角竈門炭治郎心底，成為鼓舞他的一句話，支撐著他的心靈。

無論是現在還是過去，暢銷漫畫的主角都不會輕易放棄，我們小時候稱這種不屈不撓的意志力為毅力。現在提到毅力，往往讓人聯想到上一個世紀老掉牙的精神理論、師長以填鴨式的高壓強迫我們接受的指導。

但不管是以前還是現在，大人總希望孩子們擁有不屈不撓的精神。

唯有「燃燒心靈」，才能擁有「不屈不撓的精神」；如果內心沒有熱情，自然無法產生與不屈不撓的精神緊密結合的「勇氣、膽識」或「覺悟」等堅強的心情。

已經冷卻、沒有熱情的心，也不會產生勇氣、膽識和覺悟。

從這個角度來說，我認為「燃燒心靈」這句直接了當的台詞能打動那麼多人的心，是一件非常好的事。

要讓心燃燒什麼呢？為了實現理想、為了保護誰、為了回應誰的期待或支持，這種「非做不可的心情」都會燃燒我們的心靈。

炭治郎不只消滅鬼，還要保護彌豆子，也想拯救所有被鬼傷害的人。**這句話其實是為了點燃活下去的力量，是發自靈魂的吶喊，所以燃燒心靈的人也會湧出勇氣、膽識和覺悟。**

擁有夢想及目標、信念、使命感，「燃燒心靈」拚命向前的姿勢，簡直帥呆了。

「無敵的熱情」從何而來

因為喜歡而做的事，會讓人全力以赴，能燃燒自己的心靈。

只不過，為自己而做的事其實意外地脆弱，一旦自信受到挫折，就很容易一蹶不振。

即使認為自己很厲害、是箇中高手，但是人外有人、天外有天，一旦出現比自己更厲害的人，就會產生自卑情結。

喜歡的事不知不覺就不再喜歡了，這麼一來，內心的火種也會熄滅。

然而，**只要結合喜歡的想法與志向，就會變成「無敵的熱情」。**

尤其當志向是想幫助世人、想貢獻社會、是為了別人時，這股無敵的熱情就會更加強烈。

因為如願以償的話，並非只有自己成功，只要想到對自己喜歡的事全力以赴同時也是為了別人，就不會由於一點小小的挫折而心灰意冷。

常聽到運動選手們說：「我能這麼努力，都是多虧各位的支持。」這句話絕不是說說而已，想報答支持自己的人的期待與心情，是心靈的強力支柱。

創業的人則說：「想讓社會變得更好一點。」為了社會、為了讓更多人幸福快樂而開始創業。這種心情愈真摯、愈強烈，即使遇到失敗或挫折，也能努力堅持下去，克服難關。

因此，千萬不要主動放棄想實現的目標或夢想，不妨結合社會公益來思考看看。

充實與人生的意義

英格蘭足球超級聯賽有一支隊伍叫利物浦足球俱樂部，其中有位來自塞內加爾的選手薩迪奧・馬內（一九九二年～）。從非洲躍上世界舞台，成為超級聯賽的明星球員，也因此成了億萬富翁。

「有必要買到十輛法拉利、兩架飛機、二十只鑲鑽的手錶嗎？我完全不明白為什麼要過得這麼奢侈。」

馬內說道。他拒絕奢侈的生活，捐錢給故鄉塞內加爾，興建醫院及學校、提供窮人食物及衣服，擁有這樣人格的他，令球迷讚不絕口。

現在的社會風氣愈來愈傾向於用「能不能賺到很多錢」來衡量人生的成功、失敗，這令我感到憂心忡忡。

為了得到穩定的生活、穩定的心態，賺很多錢確實是很重要的條件之一。有錢絕對比沒錢好，想賺很多錢的欲望也會成為活下去的原動力，我也覺得有比沒有好。

但是，希望大家不要眼裡心裡只有錢。就像是，如果崇拜超級網紅 YouTuber 的理由是「因為能賺很多錢」或「也想變成有錢人」，這種動機太膚淺了。

如果認為變成名人、賺很多錢、能隨心所欲地揮霍、想要的東西都買得起……唯有能過上這樣的生活才算成功、幸福的人生，這種想法真是太膚淺了。

如果要崇拜，希望各位能從對方的生存之道、待人處世的態度中得到共鳴，打從心底尊敬對方。

如果認為自己能賺到錢、不會吃虧是唯一的價值，絕對得不到幸福，也無法過上豐盈的人生。

南美烏拉圭的前總統何塞·穆西卡（一九三五年～）當總統時拒絕住進豪華的官邸，選擇過安貧樂道的生活，每個月都把將近九成的總統薪水捐出去，是著名的「全世界最貧窮的總統」。穆西卡前總統說過這麼一句話：

「人生的勝利並不在於賺多少錢。

而是無論跌倒再多次，都能重新站起來。」

無論跌倒再多次、都能重新站起來的精神，就是這麼有價值。

鍛鍊柔軟、平靜、堅強的心

這本書的前言說過，「希望各位都能以柳樹般的心態為目標」。

江戶時代有位修習禪宗的和尚，名叫仙厓（一七五〇～一八三七年）。為了以淺顯易懂的方式傳授禪宗的教義，描繪許多水墨畫。其中，被風吹動的柳樹，除了一旁題字「忍耐」以外，也寫了以下這句話。

「縱有逆風過隙　柳樹不為所動」，意思是指難免受到不如人意的逆風吹襲，柳樹總能四兩撥千金地屹立不搖。

說到忍耐，大概也有人會以為是咬緊牙關承受逆境，但是讓身段變得柔軟，能夠順其自然的人其實更堅強。

有一句日文是「柳に風」（逆來順受），意指當風吹過，柳樹不會反抗，而是默默地承受。

還有一句日文是「柳に雪折れなし」（柔能克剛），意指柳樹的樹枝不容易折斷，即使被雪壓住也不會折斷，用來比喻乍看之下很柔弱的東西反而更堅強。

順風、逆風、從旁邊吹過來的風……世上吹著各種風。最好能順其自然，**無論吹什麼風，都能在風雨飄搖的情況下堅持自我。**

大聯盟中曾隸屬於洛杉磯天使隊，並已於二〇二三年底與道奇隊簽約的大谷翔平（一九九四年～）選手，也給我一股柳樹般「柔中帶剛」的感覺。大谷選手的身體也非常柔軟，關節的活動範圍很大，很懂得善用自己柔軟的身體。

投球的速度、擊球的力道也都是因為能靈活地運用柔軟的身體。看得出來，如同柔軟的身體，他的心也很柔軟，很少有「我一定要這樣」的固執。經常流露出平靜溫和、笑容可掬的表情。受傷時也有人問他：「放棄兼顧投打的二刀流（two-way player），專攻投或打如何？」

但他任由這些話如風吹過，逆來順受地聽過就算了。

「既然我能投又能打，為什麼不兩者兼顧。如果我兩邊都做不好，頂多是被開除而已。」他曾經在採訪時這麼說，語氣十分平靜，看得出來他已經有所覺悟了。

想也知道身邊的教練會給他許多建議，但最後還是要靠自己調整，能接受的就接受，不能接受的也別往心裡去，這種心態十分理想。

你是否曾不管三七二十一地拒絕別人的建議呢？這樣就太頑固囉！會讓內心的「可動範圍」變得愈來愈狹窄。

如果是因為害怕改變，請告訴自己，「我的腦袋和心靈都變得有點僵化了」，放鬆一點，讓腦袋和心靈都變得柔軟。

總之，先聽聽別人怎麼說再來做判斷。

認為自己是「豆腐心態」的各位讀者，在立志養成柳樹的心態前，不妨先以「蒟蒻心態」為目標試看看。

第六章

重點整理

1．不要留下內心的負債，今日事今日畢。

2．為了讓自己習慣今日事今日畢，要擁有「讓自己保持好心情」的習慣及口號。

3．與社會產生連結的志向，會產生無比的熱情。

—結語—

思考和行為，是打造心靈的基礎

感謝各位看到這裡，這本書是從各種角度介紹如何讓心變堅強的技巧。

最後，我想簡略地向各位介紹**「鏡餅理論」**。

我認為人類的心，就像放在鏡餅上的苦橙。

用來歡慶過年的鏡餅——把大塊壓扁的麻糬放在最下面，小塊的疊在上面，最上面再放一顆苦橙（或許也有人會用橘子代替苦橙，但正式的作法要放苦橙喔），象徵「希望世世代代都能繁榮下去」的心願。[7]

放上苦橙的時候，很容易因為不小心或不經意碰到而掉下來。如果麻糬愈大塊、愈紮實、愈穩定，苦橙就愈不容易掉下來。

某一年，我訂購的鏡餅不曉得出了什麼差錯，送來的麻糬比我預訂的還小。放上苦橙時非常不穩定，平衡感不太好。

看著這樣的鏡餅，我領悟到一件事：「這顆隨時都會掉下來的苦橙，就像人類的心呢！」人類的心也很不安定，有時候很容易滾向意想不到的方向。如果人心相當於地基的麻糬部分很穩定、很紮實，心也會變得比較安定。

現代人有很多壓力，心的問題很容易日益嚴重。不光是如此，冥頑不靈的頭腦也很容易變成平衡感欠佳的鏡餅。

假設心靈是那顆苦橙，那麼對人類而言，什麼是相當於那兩層麻糬的部分呢？上面的小麻糬是「精神文化」，下面的大麻糬是「身體文化」。

只要精神與身體這兩個地基都很穩固，心就容易趨於安定，這是我的「鏡餅理論」。

鏡餅理論

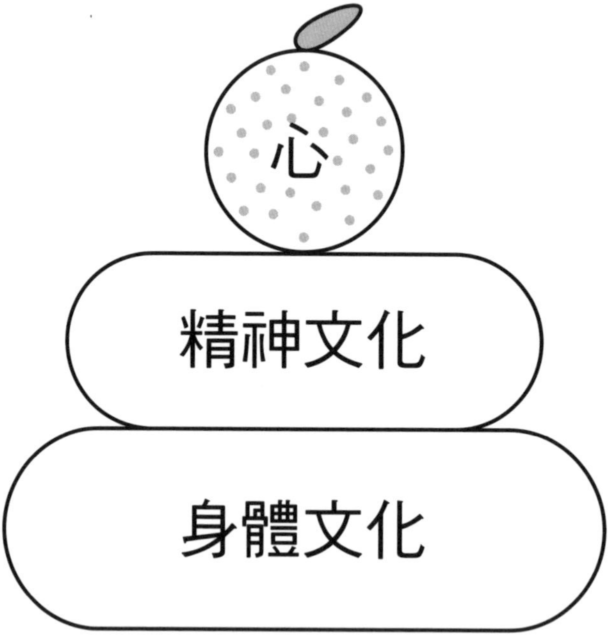

最好不要只思考心的問題，一旦有了穩固的地基，即使搖晃也不會掉下來。

在書中也提過，心要從思考與行動兩方面加以調整，這是建立在那個人一路走來的精神文化（精神上受到影響的教育）與身體文化（習慣性養成身體的行動）上。

只要心中有某種堅定的宗教思想、哲學精神，當內心感到煩惱時，其教義、思考邏輯就能成為心靈的支柱，解救自己免於煩惱。

即使沒有受洗，沒有正式地信仰基督教，只要念了基督教的學校，自然就會受到教義的影響，這就是所謂的精神文化，又或者是稱為「○○精神、○○魂」的東西。

以運動界來說就是所謂「公平比賽的精神」；如果是傳統的校風，則稱為「○○校風」，我們會自然而然地受到那些風氣的影響。

最近「推」這個字眼已經從追星的粉絲用語變得廣為人知，支持偶像的人在追星的世界裡稱為「御宅魂」。

心是很私人的東西，**精神則是與其相關的所有人心中共同擁有的思考邏輯**，所以精神會隨心情變來變去。

精神是經歷漫長歲月的洗禮，代代相傳的傳統，因此只要想到自己也承襲了許多人共同建立的精神族譜，就能受到相當大的鼓舞。

精神文化有各個面向，只要擁有許多精神文化，就能讓心靈有許多精神上的依歸。

假設精神文化是上層的小麻糬，身體文化則是下層的大麻糬。其實日常生活中有許多一旦養成習慣，身體就會在下意識的情況下產生反應的舉動。禮儀作法即為其中之一，言行、舉止、就連呼吸都是很重要的身體文化。

呼吸較淺的人很容易不安，心靈也很容易搖擺。緊張時之所以要告訴自己「這時應該要深呼吸」，是因為確實可以藉由既深且慢的呼吸讓心情冷靜下來。

打招呼也是身體文化，打招呼是為了表示「我現在在這裡向您表示敬意」的態度，能自然做到這點的人，通常是有禮貌的人。

即使自己心亂如麻，也能穩重地向對方打招呼，表現出彬彬有禮的舉止之人，就能控制自己。

劍道從行禮開始、到行禮結束，比試完一定要行禮。比賽時也有因為搶下一分，為此喜不自勝地擺出勝利手勢之際、被評審取消那一分的例子。因為當著輸家的面流露出喜悅的態度、擺出勝利手勢對對手相當失禮，會被視為欠缺劍道精神的行為。

不只武術，所有的運動都同時具備精神文化與身體文化，必須在既定的規則下進行，從中培養重要的精神。打橄欖球的人將學會「No Side 精神（比賽結束的哨聲吹響後，兩隊不再分敵我，互相欣賞與尊重）」或「One for All, All for One（我為人人，人人為我）」的精神。

音樂也是，不管是唱歌還是演奏樂器，都是要動到身體的身體文化，與音樂的方向性、精神性也有關係。舉例來說，搖滾音樂絕不奉承體制，即使被人批評也不放在心上，執意說出自己想說的話。因此並不是單一的音樂領域，而是一種生存之道。

心靈是一種不安定的東西，建立在個人的地基上，而個人的地基建立在精神文化上，精神文化則建立在身體文化上。

這兩個基礎繽紛多彩的人，即使內心變得軟弱，也還有各種精神文化與身體文化支撐著自己的心，所以既穩定又強大。

如果想讓自己的心情一直保持在冷靜、安定的狀態，就不能光是意識到自己的內心世界。為了不讓苦橙因為一點風吹草動就掉下來，就要將鏡餅的麻糬部分鍛鍊得穩定又紮實喔！

二〇二一年五月　齋藤孝

7 苦橙的日文發音與「代代」相同。

富能量　087

什麼是真正的堅強？

具備受挫的勇氣，學會重來的能力

作　　者：齋藤孝
譯　　者：賴惠鈴
責任編輯：賴秉薇
文字協力：楊心怡
封面設計：BIANCO TSAI
內文排版：王氏研創藝術有限公司

總 編 輯：林麗文
副總編輯：黃佳燕
主　　編：高佩琳、賴秉薇、蕭歆儀
行銷總監：祝子慧
行銷企畫：林彥伶、朱妍靜

出　　版：幸福文化／遠足文化事業股份有限公司
地　　址：231 新北市新店區民權路
　　　　　108-3 號 8 樓
網　　址：https://www.facebook.com/
　　　　　happinessbookrep/
電　　話：（02）2218-1417
傳　　真：（02）2218-8057

發　　行：遠足文化事業股份有限公司
　　　　（讀書共和國出版集團）
地　　址：231 新北市新店區民權路
　　　　　108-2 號 9 樓
電　　話：（02）2218-1417
傳　　真：（02）2218-8057
電　　郵：service@bookrep.com.tw
郵撥帳號：19504465
客服電話：0800-221-029
網　　址：www.bookrep.com.tw

法律顧問：華洋法律事務所　蘇文生律師
印　　刷：東豪印刷事業有限公司
電　　話：（02）8954-1275
初版一刷：2024 年 2 月
定　　價：380 元

原書封面・漫畫：© 羽賀翔一／コルク
構　　成　阿部久美子

什麼是真正的堅強？：具備受挫的勇氣，學會重來的能力 / 齋藤孝著；賴惠鈴譯 . -- 初版 . -- 新北市：幸福文化出版：遠足文化事業股份有限公司發行，2024.02
　面；　公分
ISBN 978-626-7427-03-3（平裝）
1.CST: 成功法 2.CST: 人生哲學 3.CST: 生活指導
177.2　　　　　　　　112022030

讀者回函卡

感謝您購買本公司出版的書籍，您的建議就是幸福文化前進的原動力。請撥冗填寫此卡，我們將不定期提供您最新的出版訊息與優惠活動。您的支持與鼓勵，將使我們更加努力製作出更好的作品。

讀者資料

●姓名：＿＿＿＿＿＿ ● 性別：☐男　☐女　●出生年月日：民國＿＿年＿＿月＿＿日

●E-mail：＿＿＿＿＿＿＿＿＿＿＿＿

●地址：☐☐☐☐☐ ＿＿＿＿＿＿＿＿＿＿＿＿

●電話：＿＿＿＿＿＿ 手機：＿＿＿＿＿＿ 傳真：＿＿＿＿＿＿

●職業：
☐學生　☐生產、製造　☐金融、商業　☐傳播、廣告
☐軍人、公務　☐教育、文化　☐旅遊、運輸　☐醫療、保健
☐仲介、服務　☐自由、家管　☐其他

購書資料

1. 您如何購買本書？☐一般書店（　　縣市　　　書店）
☐網路書店（　　　　書店）　☐量販店　☐郵購　☐其他
2. 您從何處知道本書？☐一般書店　☐網路書店（　　　　書店）　☐量販店　☐報紙☐
廣播　☐電視　☐朋友推薦　☐其他
3. 您購買本書的原因？☐喜歡作者　☐對內容感興趣　☐工作需要　☐其他
4. 您對本書的評價：（請填代號 1. 非常滿意 2. 滿意 3. 尚可 4. 待改進）
☐定價　☐內容　☐版面編排　☐印刷　☐整體評價
5. 您的閱讀習慣：☐生活風格　☐休閒旅遊　☐健康醫療　☐美容造型　☐兩性
☐文史哲　☐藝術　☐百科　☐圖鑑　☐其他
6. 您是否願意加入幸福文化 Facebook：☐是　☐否
7. 您最喜歡作者在本書中的哪一個單元：＿＿＿＿＿＿＿＿＿＿
8. 您對本書或本公司的建議：＿＿＿＿＿＿＿＿＿＿

請沿虛線剪下，黏貼好後，直接投入郵筒寄回

廣　告　回　信
臺灣北區郵政管理局登記證
第　1 4 4 3 7　號

請直接投郵，郵資由本公司負擔

23141

新北市新店區民權路 108-3 號 8 樓

遠足文化事業股份有限公司　收

什麼是真正的堅強

本当の「心の強さ」ってなんだろう？

一生を支える折れないメンタルのつくり方

〈全民教育家〉齋藤孝——著

賴惠鈴——譯

幸福文化　書名　什麼是真正的堅強？　富能量 087

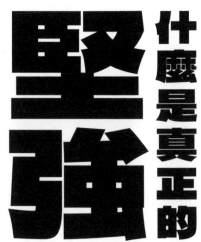

幸福
文化